업무시스템 분석

Analysing Business Systems

이종흡 역 | 한국국가기록연구원 감수

출판 진리탐구

  지금으로부터 5년 전 한국국가기록연구원이 출범하였다. 지난 시간을 회고해보면 아쉬움도 있고 또 앞으로 해야 할 일도 산적해 있다. 그러나 한편으로는 나름대로의 뿌듯함을 느끼기도 한다. 시민기록문화전, 기록문화 시민강좌 개설, 심포지엄, 기록문화상 제정, 한국기록학회 조직, 월례발표회, 한국기록관리학교육원 개원 등등, 모두가 우리의 기록문화 발전에 초석이 될 것임은 분명하다.

  연구원의 출범과도 무관치 않지만 우리의 기록문화에 또 하나의 이정표라고 할 수 있는 것은 기록물관리법령의 제정이다. 법령의 제정으로 이제 우리도 근대적 기록관리체제에 들어갔다고 말할 수 있게 되었다. 그러나 법령의 제정이 바로 실시로 이어지지는 않는다. 죽어있는 법령이 얼마나 많은가. 새로운 법령이 제정되면 이에는 크고 작은 '저항과 편승'이 있기 마련이다. 새로운 기록관리법령에 대한 '저항'은 현재 법령상 존재해야할 자료관의 설치 실태만을 보아도 잘 알 수 있다. 새로운 법령에는 공공기록물은 전문가(기록관리전문요원, 아키비스트)가 관리하게 되어 있고 이들 전문가의 자격 요건도 규정되어 있다. 이에 몇 년도 안된 사이에 많은 대학에서 기록관리학 대학원과정이 신설되었다. 물론 모두가 기록관리분야 전반을 위해서는 발전적인 변화이다. 그러나 그 내실을 보면, 즉 교수, 교재, 참고도서, 실습실 등의 면에서 보면 부실하기 짝이 없는 경우도 있다. 이는 새로운 법령에 대한 '편승'이라고 할 수 있다.

  그러나 '저항과 편승'을 탓하고만 있을 수는 없다. 사실 '저항과 편승'의 가장 큰 원인은 기록관리에 대한 이해의 부족일 것이다. 이를 위해 연구원은 과감히 ICA 총서시리즈를 번역하기로 결정하였다. 단순한 번역은 아니다. 권수로도 30권이 넘는다. 양도 양이거니와 여러 사람이 나누어 번역할 수밖에 없기에 통일성을 기하기가 무척 어려우리라 예상된다. 그럼에도 불구하고 한국 기록관리학의 기초를 놓는다는 심정으로 번역을 시작하였다.

  본 총서시리즈는 국제기록관리재단(International Records Management Trust)과 ICA에서 공동으로 추진한 결과물로, 국제적으로 널리 이용될 수 있는 최선의 기록관리 업무 방식 도출을 목적으로 하였다. 또한 기록관리 전문가 외에도 체계적으로 기록학에 접근하지 못했던 사람들에게 학습모듈을 제공하려는 의도에서 만들어졌다. 이 때문에 기록관리시스템

이 불충분하거나 적절한 기록관리 교재와 교육인프라가 결핍된 국가에게는 유용한 교재가
될 것이다.

　기록관리 분야의 실무와 학문이 발전일로에 있는 우리 나라에서도 이 교재의 보급이 시
급함은 물론이다. 앞으로 이 학습교재가 공공부문의 기록관리전문가를 위해서 뿐만 아니라
민간부문에서도, 그리고 아키비스트의 업무능력과 전문성을 높이는 데에서도 널리 활용되
기를 바란다.

　본인은 2000년 9월, 연구원을 대표하여 스페인 세빌리아에서 개최된 ICA총회에 참석하
였다. 회의 규모의 크기에도 놀랐지만 개최국의 선진적 기록관리 및 보존에도 놀랐다. 아시
아에서는 유일하게 1996년 중국의 북경에서 개최되었다고 하니 중국의 문화적 깊이를 보
여주는 듯하다. 한국의 서울에서 ICA총회가 열릴 기록관리 선진국을 기대하며, 본 역서가
그런 기대에 일조하기를 바라마지 않는다.

　본 역서를 내면서 감사드려야 할 분들이 있다. 먼저 한국국가기록연구원의 참뜻을 이해
하여 저작권에 대한 비용을 과감히 포기해준 ICA 관계자 여러분들에게 감사의 뜻을 표하고
자 한다. 또 상업성을 떠나 선뜻 출판을 맡아주신 진리탐구의 조현수 사장님 및 편집부
일동에게 진심으로 감사드린다. 마지막으로 그다지 좋지 못한 조건에도 불구하고 번역을
흔쾌히 맡아주신 번역자 여러분들에게 깊은 감사를 드린다.

김학준(한국국가기록연구원 원장)

　이 책, 『업무시스템 분석』(*Analysing Business Systems*)은 어떤 조직의 사명과 목표, 구조와 기능, 과정과 활동, 단위업무 등을 하나의 유기적 시스템으로 고려하고, 이에 관한 모든 정보를 체계적으로 집성하여 공식적인 분석에 귀속시키는 작업을 소개하고 있다. 이러한 작업은 해당 조직이 처한 기능적 문제점과 정보관리의 문제점을 해결함에서 제일 먼저 취해져야 할 조치이기도 하다. 예컨대 공공부문 관리책임자는 업무시스템 분석을 이용해서 정부의 재정관리의 문제점에 대처할 수 있으며, 특히 공공부분 레코드 매니저는 재정과 관련된 정보관리상의 문제점과 해결책을 그 관리책임자에게 제시할 수 있다. 기록관리의 전형적인 기능에 비추어볼 때, 업무시스템 분석은 기록물 처리/관리부서의 개편, 파일 분류시스템의 재설계, 기록물 보관일정의 개발, 전자기록물 시스템 도입의 필요조건에 대한 확인 등에서 이용될 수 있다.

　'시스템적' 사고와 분석은 우리 사회의 공·사 조직들이 한결같이 그 결핍으로 인해 고민하고 있는 주제이기도 하다. '구조조정'이나 '개혁'--조직의 개편이나 재설계--이라는 어휘가 일상화되어있는 현실에 비추어볼 때, 조직의 사명으로부터 단위업무에 이르는 시스템 전반을 분석하여 해당 조직의 개편이나 축소이나 확장에 이론적·실천적 정당성을 부여하려는 노력은 상대적으로 미흡하다. 문화적 원인을 포함한 여러 원인이 있겠지만, 기록관리시스템이 정착되지 못한 것도 중요한 원인이다. 기록관리시스템은 기록물 순환과정을 제어하는 기술 솔루션으로 환원되지 않는다. 그것은 어떤 조직이나 개인이 수행하는 업무(business)들을 과정(활동)으로, 여러 과정들을 기능(혹은 하위시스템)으로 묶고, 여러 기능들을 결합하여 조직시스템을 정의해온, 서구의 오랜 관행의 산물이기 때문이다.

　업무시스템 분석과 기록관리시스템 분석은 이 대목에서 불가분의 관계를 형성한다. 실제로 기록물--어떤 조직이나 개인이 업무수행과정에서 생산하거나 접수해서 일정기간 동안 이용하다가 그 이후에는 업무수행의 증거로 유지하는 모든 것--이란, 해당 업무에 대한 정보만이 아니라 그 정보의 구조와 상황도 두루 간직하고 있는 것이다. 기록물 없이는 업무는 물론, 업무가 이루어지는 조직 내·외적 상황을 이해할 수 있는 길도 없다. 기록관리시스템의 도입이 절실하다면, 그것은 기록물을 생산/접수, 이용, 유지(keeping)하는 조직의 시스템을 개편하거나 재구축할 필요성 때문이기도 하다.

　일선 공공기관의 기록관리자들과 대화하다보면 당혹스러울 때가 있다. 처리과로부터 '자료관'으로, '자료관'으로부터 '전문관리기관'으로 기록물의 순조로운 흐름이 정착되고 나면, '기록관리전문요원'이 크게 할 일도 없을 텐데, 무엇 때문에 그 인원을 충원해야 하느냐는 질문이 제기되곤 한다. 기록물의 순환과정('기능들')을 정상화하는 것은 기록관리의 시작일 뿐 목표가 될 수는 없다고 답하지만, 기록관리의 '기능'과 그 '사명'을 혼동하고 있는 현실을 그들의 탓만으로 돌릴 수 있을까? 기록관리의 '사명'이나 목표를 더욱 명료하게 진술하고 목표에 대한 공감대를 넓히며 목표를 달성하기 위한 수단을 개발하려는 노력이 절실하게 요청되는 현 시점에서, 업무시스템분석과 기록관리시스템의 상호관계는 또 하나의 해답을 더해줄 수 있을 것으로 기대된다.

　끝으로, 이 자리를 빌어, 기록학 시리즈의 번역출간을 추진해온 한국국가기록연구원과 도서출판 진리탐구의 관계자 여러분께 감사 드린다. 이 번역에는 2003학년도 경남대학교 학술저서발간비로부터 지원이 있었음을 밝혀둔다.

2003년 11월

역　자

차례

표

『업무시스템 분석』 소개

본서 『업무시스템 분석』은 학생들에게 한 조직이 기능하는 방식을 연구하기 위한 방법을 소개하여, 기록 및 정보의 관리를 포함한 모든 기능 영역들에서 그 조직의 작업 과정을 개선하고 능률과 효율성을 증진하기 위한 것이다.

> **업무시스템 분석**(*Business Systems Analysis : BSA*) : 어떤 조직을 하나의 시스템으로 분석하는 일과 관련된 분석틀이다. 즉 그것은 업무시스템에 관한 정보를 체계적이고도 객관적으로 집성한 후, 그 정보를 공식적 분석에 귀속시키는 과정을 말한다. 여기에는 조직의 포괄적인 목표를 확인하는 일, 업무 영역 및 과정을 유지하는 일, 그리고 업무과정을 정의하고 분해하는 일 등이 포함된다.

업무시스템을 분석하는 과정은, 한 조직의 구성 부분들을 낱낱이 확인하고 검토하여, 그 조직이 어떻게 기능하는가에 관한 정보, 그리고 다양한 업무와 직업, 다양한 사람과 구조 등에 관한 정보를 수집하는 작업을 수반한다. 업무시스템 분석의 계획은 한 조직 내에서 작업이 수행되는 방식을 개선함으로써 진일보한 조직 운영을 가능하게 한다. 이용 가능한 모든 자원을 그 조직의 목적 및 목표를 향해 보다 직접적으로 집결시킬 수 있다는 것이 그 예가 되겠다. 마찬가지로, 만일 정보시스템이 모 기구의 일상 업무와 보다 밀접하게 연결된다면, 정보시스템 역시 보다 효과적으로 기능할 수 있을 것이다.

이 모듈은 다음 여섯 과로 구성된다.
> 제1과 : 업무시스템 분석을 위한 서론
> 제2과 : 업무시스템 분석과 기록물 정보의 관리
> 제3과 : 업무시스템 분석을 수행하기 위한 방법
> 제4과 : 업무시스템 분석을 위한 기술과 도구
> 제5과 : 관리상의 쟁점들과 업무시스템 분석
> 제6과 : 다음은 무엇을 할 것인가?

제1과는 업무시스템 분석의 이론적 측면을 검토하고, 2과는 업무시스템 분석이 기록 정보의 관리와 어떻게 관련되느냐는 문제를 검토하며, 3, 4, 5과는 업무시스템 분석의 실무적 측면들을 다룬다. 먼저 어떻게 업무시스템분석이 수행되느냐는 문제를 다루고, 다음에는 그 과정을 보조할 수 있는 기술들을 다루며, 업무시스템분석 프로젝트를 계획할 때 고려해야 할 관리의 문제를 다룬다. 제6과는 업무시스템분석을 수행하기 위한 선행 조건을 검토하고, 이 주제에 관해 더 많은 정보를 얻으려면 어디를 참조해야 하는지를 논의한다.

1. 목표와 성과

본 모듈은 업무시스템 분석이 조직의 변화, 공공부문 개혁, 공공부문 기록관리 등을 위한 전략과 어떻게 관련되는 것인지에 대한 자각과 이해를 나누어주려는 목적을 가지고 있다. 뿐만 아니라 보다 효과적인 기록관리를 달성하기 위해 사용될 수 있는 업무시스템 분석의 기초 방법, 기술, 도구 등의 일부를 소개하려는 목적도 가지고 있다.

목표

이 모듈은 다음과 같은 것들을 설명함을 목표로 삼는다.

1. 업무시스템 분석을 위한 이론적 기초
2. 업무시스템 분석과 기록 정보 관리 사이의 관계
3. 업무시스템 분석 작업을 수행하는 데 사용되는 방법들
4. 업무시스템 분석에서 이용될 수 있는 기술과 도구
5. 업무시스템 분석의 적용과 관련된 관리 문제
6. 업무시스템 분석에 관한 보다 많은 정보의 참고원

성과

이 모듈을 끝까지 연구하면, 여러분은 다음과 같은 성과를 얻을 수 있을 것이다.
1. 업무시스템 분석을 개념적으로 설명할 수 있다.
2. 업무시스템 분석과 기록관리 사이의 관계를 설명할 수 있다.
3. 업무시스템 분석 프로젝트의 수행에 이용될 수 있는 방법을 적어도 한 가지 이상 이해할 수 있다.

4. 업무시스템 분석에 이용될 수 있는 기술과 도구를 이해하고 사용할 수 있다.

5. 업무시스템 분석 프로젝트의 성공에 영향을 미치는 관리의 문제를 이해할 수 있다.

6. 업무시스템 분석이라는 주제에 관한 보다 많은 정보를 어떻게 참조할 수 있는지를 알게 된다.

2. 학습방식 및 평가

이 모듈의 다섯 과를 위해서는 약 70시간을 할애해야만 한다. 각 소요시간은 다음과 같이 계획되어야 한다.

제1과 15시간
제2과 10시간
제3과 15시간
제4과 15시간
제5과   8시간
제6과   7시간

이 시간에는 책을 읽는 데 소비되는 시간과 연습 문제를 푸는 시간도 포함되어 있다.

각 과의 말미에서는 주요 요점들의 요약이 소개된다. 더 알아야 할 정보의 소재와 자료는 제6과에서 제시할 예정이다.

각 과마다, 여러분 스스로 이 책에서 제공된 정보를 면밀히 검토하는 데 도움을 주는 여러 연습문제가 포함되어 있다. 각 연습문제는 '자기 평가'를 위한 것으로, '정답'이나 '오답'이 있을 수 없다. 오히려 각 연습은 여러분 스스로 이 책에서 제시된 생각을 검토하고 이를 자신이 학습하거나 작업하고 있는 환경과 연결짓도록 자극하려는 의도에서 계획된 것이다. 만일 여러분이 일반 기록물이나 영구기록물을 관리하는 조직과 무관하게 이 모듈들을 독립적으로 공부하고 있다면, 여러분은 가능한 한 그런 상황을 가정해 가면서 연습에 제시된 활동을 수행하도록 노력해야만 한다. 연습이 무엇인가를 기술할 것을 요구하면, 여러분은 간결하고 요령 있게 기술해야 한다. 그 활동은 성적을 매기는 시험이 아니기 때문에, 여러분은 배운 정보를 충실히 이해하는 데 필요하다고 생각하는 정도의 시간을 그 활동에 할애하는 것으로 족하다. 각 과의 말미에는 여러분의 작업을 평가하는 데 도움을 줄 활동들에 관한 언급이 들어 있다.

각 과의 말미에는 요약에 이어 본문의 내용들을 복습할 수 있도록 학습과제를 만들어 보았다. 이 역시 본 모듈의 내용을 복습하는 데 도움을 주기 위해 계획된 것이지, 성적이나 등급을 매기는 시험으로 의도된 것은 아니다. 여러분이 생각하기에 제시된 개념들을 이해하는 데 도움이 되는 질문들에 대해서만 해답을 작성하면 된다. 과제물이나 시험 같은 객관적 평가는 이 모듈이 수준별 교육 프로그램의 일부가 될 때, 별도로 포함될 것이다.

3. 보충자료

이 모듈은 여러분이 문서과나 자료관, 영구기록보존소에 적을 두고 있거나 기타 기록관리 실무에 연관되어 있음을 가정한다. 다양한 연습이 여러분 자신의 경험을 기술하도록 요구하고, 나아가 각 과에서 제시된 정보와 여러분의 경험을 비교하도록 요구하는 것은 이 때문이다. 만일 여러분이 기록물이나 영구기록물을 관리하는 시설을 자신의 조직 내에서 이용할 수 없다면, 여러분은 그 연습문제를 위해 가상 시나리오를 그릴 필요가 있을 것이다. 또한 이 모듈의 연습문제를 수행하는 여러분이 고위관리직이어야 할 필요는 없다. 다만, 조직 내에서 결재권을 가진, 혹은 그 조직의 시스템을 분석하는 일에 종사하는, 친구나 동료와 이 모듈을 함께 토론해 볼 수 있으면 좋다. 여러분은 원리와 개념들을 그들과 토론하여, 그 원리들과 개념들에 대한 여러분 자신의 이해와 비교할 수 있을 것이다.

편람

이 모듈과 관련된 실습 편람은 『현용기록관리체제의 재구성 : 업무편람』(*Restructuring Current Records System : A Procedures Manual*)이다. 이 편람은, 완전히 붕괴된 것은 아니지만 제대로 기능하지 못하는 기록물시스템을 재정리하기 위한 방법들을 검토하고 있다. 따라서 재구축 활동만을 놓고 본다면, 이 편람은 이 모듈에 포함된 것보다 그 절차에 관해 상세한 정보를 이용자에게 제공할 것이다.

사례 연구

이번 MPSR 교육총서 시리즈는 기록물에 관련된 다양한 주제들을 다룬, 일련의 사례 연구들을 포함한다. 업무시스템 분석에 특히 유용한 사례연구는 아래와 같다. 이용자들이 본 모듈을 숙지하기 위해서는 이 사례 연구들을 검토하는 것이 바람직하다.

12 : Vicki Lemieux, Jamaika, "The University of the West Indies : Registry Filing Room Procedures Improvement Project : The Use of Total Quality Management in a Records Management Environment"

14 : Cassandra Findlay, Australia, "Development and Implementation of the Immigration Department's New International Traveller Movements System"

업무시스템 분석을 위한 서론

이 과는 업무시스템 분석에서 기초가 되는 이론적 개념들을 검토한다. 이 과의 학습을 마칠 때, 여러분은 다음과 같은 것들을 이해해야만 한다.

- 시스템이라는 개념과 시스템의 기능들
- '시스템 사고'의 의미
- 시스템 사고는 어떻게 업무시스템 분석의 토대가 되는가?
- 조직을 하나의 업무시스템으로 보는 개념
- 업무시스템분석이 조직의 변화를 꾀하는 데 어떻게 사용될 수 있는가?
- 왜 기록물 관리자는 업무시스템 분석을 이해할 필요가 있는가?
- 업무시스템 분석과 레코드키핑(Recordkeeping) 그리고 공공부문 개혁 사이의 관계

1. 시스템이란 무엇인가?

시스템 사고를 실천하기 위해서는 시스템의 개념은 물론, 시스템이 어떻게 작동하는가를 이해하는 것이 중요하다.

> **시스템** : 각 요소들이 '함께 엮어져' 있음이 지각된 전체. 각 요소는 언제나 지속적으로 서로에게 영향을 미치면서 하나의 공통 목표를 향해 기능한다는 점에서 함께 엮어져 있다. 시스템은 하위 시스템들(혹은 기능들), 과정들, 활동들, 그리고 업무들 등으로 구성된다.

시스템의 사례는 도처에 널려 있다. 꽃 한 송이도 시스템이다. 그것은 뿌리와 줄기, 씨앗과 꽃송이 사이의 관계를 통해 생명력을 유지하기 때문이다. 컴퓨터 한대도 시스템

이다. 중앙처리장치, 자판, 모니터 등이 '함께 엮어져' 공통의 목적을 향해 작동한다는 점에서 그렇다. 자동차 한대도 시스템이다. 엔진, 바퀴, 섀시 등이 동시에 작용하여 특수한 운송 수단을 제공한다는 점에서 그렇다. 바다도 시스템이다. 어류, 포유류, 해조류, 산호초, 물 등은 지속적으로 서로에게 영향을 미치며 시간이 흐르면서 바다 전체의 본성을 바꾸어간다.

시스템은 어떠한 수준에서든 존재할 수 있다. 거대 시스템의 사례는 태양계에서 찾을 수 있다. 태양계는 행성들, 위성들, 혜성들과 유성들, 가스 등을 포괄한다. 인체의 혈액순환 시스템은 상대적으로 작은 시스템의 사례이다. 심장, 동맥, 정맥 등을 그것의 고유한 요소들로 갖춘 시스템이라는 말이다.

대부분의 시스템은 하위시스템들을 포괄한다. 예컨대, 태양계가 하나의 '시스템'이라면, 지구는 태양계 내의 한 '하위시스템'이다. 지구는 모든 행성들, 위성들, 혜성들과 유성들, 가스 등을 포괄하는 전체 시스템의 일부라는 말이다. 그렇지만 지구도 그 자체의 견지에서는 하나의 시스템으로 간주될 수 있다. 지구가 하나의 시스템으로 간주될 때, 바다는 지구의 하위시스템으로 고려될 수 있을 것이다.

어떤 대상을 시스템으로 고려하느냐 하위시스템으로 고려하느냐는 문제는 그 대상을 분석하는 목적에 크게 의존한다. 만일 분석 대상이 지구라면, 그 분석 목적에서는 지구가 '시스템'이 된다. 지구와 다른 시스템들(예컨대 태양계)과의 관계도 지구를 둘러싼 환경의 일부로 설명될 수 있겠지만, 분석의 초점은 지구에 두어져야 할 것이다. 만일 바다가 분석 대상이라면, 지구와 바다와의 관계도 인정되기는 하겠지만, 주요 초점은 바다에 맞추어져야 할 것이다.

[연습 1]

여러분도 시스템의 다른 사례를 생각해 보라. 인체를 예로 들어, 인체에 대해 환경적인 것들이나 인체의 부위들에 관해 생각해 보라. 인체라는 시스템을 기술한 뒤에, 그것이 하위시스템들로 구성되는지 아닌지를 언급해보라.

2. 시스템의 기능

시스템은 기능들을 갖는다.

> **기능(Function)** : 기능이란 어떤 조직이나 시스템이 그 고유한 목
> 적을 성취하는 수단을 말한다.

혈액순환 시스템을 예로 들어 보자. 이 시스템의 기능은 혈액을 인체에 골고루 운반하는 것이다. 이 기능을 수행하기 위해, 혈액순환 시스템은 상이한 몇 개의 부위들, 즉 심장, 동맥, 정맥 등으로 조직되거나 구성된다. 심장은 이 시스템의 핵심 구성요소로서, 그 자체의 고유한 기능을 가지고 있다. 인체 전체에 혈액을 분사하는 기능이 그것이다. 뿐만 아니라 심장은 그 자체의 고유한 구성 요소들 내지 부분들을 가진 것이기도 하다. 대동맥, 폐동맥, 좌심방, 좌심실, 우심방, 우심실 등이 그것들이다.

혈액순환 시스템은
⬇
심장, 동맥, 정맥으로 구성되고
⬇
심장, 동맥, 정맥은 인체에 혈액을 운반할 목적에서 함께 기능하며
⬇
이 기능은 혈액분사과정을 통해 수행된다.

한 시스템의 전문화된 부분들은 각기 전문적인 기능을 수행한다. 심장의 경우에, 대동맥은 심장이 분출한 혈액을 운반하여 동맥 지류들을 통해 인체에 골고루 분배되도록 하며, 심방은 정맥이 운반해온 혈액을 받아서 심실로 전해준다 등등. 그리하여 상호 의존적인 기능들의 연속적인 순환이 진행된다. 시스템의 개념에서 그러하듯이, 각 기능 안에도 다시 하위기능들이 있을 수 있다.

하나의 기능은 하나의 '과정'에 의해 수행된다.

> **과정(Process)** : 과정이란 한 시스템의 기능들이 수행되는 수단들을
> 말한다.

다시 심장을 예로 들어보자. 심장박동은 인체에 혈액을 분출하는 기능과 관련된 주요

과정들 중 하나이다. 또한 심장박동이라는 과정은 자체로 다수의 보다 전문화된 과정들 및 활동들을 포괄하는바, 이 모든 과정들 및 활동들이 결합하여 심장의 수축을 일으키며, 그리하여 혈액을 인체 구석구석으로 밀어낸다.

각 과정은 입력요소와 출력요소와 변형요소로 구성된다. 심장이 수축하는 과정을 예로 들자면, 심장근육에 전기 충격을 가하는 것은 입력요소에 해당한다. 심장이 전기 충격력을 수축운동으로 바꾸기 위해 수행하는 활동은 변형요소에 해당한다. 실질적인 심장수축이나 심장박동은 심장의 출력요소이다.

입력요소	➡	변형요소	➡	출력요소
전기충격력이 심장근육에 도달한다	➡	심장이 전기충격력을 수축운동으로 바꾼다	➡	심장이 수축을 일으킨다

[연습 2]

여러분이 연습 1에서 확인한 시스템을 고려해 보라. 시스템의 기능(혹은 많을 경우에는 여러 기능들 중 한 기능)이란 무엇인가? 시스템이 그 기능을 수행하는 과정은 무엇인가?

[연습 3]

여러분이 확인한 시스템에서 하나의 과정을 선택해보라. 여러분은 그 과정이 발생하도록 만든 입력요소와 변형요소와 출력요소를 확인할 수 있는가?

3. 시스템 사고

위에서 설명하였듯이, 시스템은 다수의 차별적인 대상들이나 현상들 사이에서 이루어지는 복잡한 상호 작용이다. '시스템 사고'란 다수의 대상들이나 현상들을 서로 무관한 낱낱의 실체들로 간주하기보다는, 그것들 사이의 상호관계라는 견지에서 전체적으로 사고하는 과정이다.

수피교도(Sufi) 사이에 전하는 우화는 시스템 사고를 그 개념과 가치 면에서 잘 예시한다.

그 우화에서는 장님 세 사람이 우연히 코끼리를 만난다. 한 사람씩 손으로 더듬어가면서 코끼리의 서로 다른 부위를 검토하였다. 첫 번째 장님은 귀를 만진 뒤에, '이건 깔판이야. 거칠고 큰 것이 넓게 펼쳐져 있거든!'이라고 외쳤다. 두 번째 장님은 코를 잡고는, '정말 뭔지 알겠다. 이건 기다란 파이프야.'라고 말하였다. 세 번째 장님은 앞 다리를 붙잡고는, '아니야, 이건 기둥임이 분명해. 아주 강하고 단단하거든.'이라고 말하였다. 각자는 전체의 작은 일부를 만져보고 이에 기초하여 인식하는 방식을 취하고 있지만, 그 누구도 자신이 코끼리를 만지고 있음을 알지는 못할 것이다. 시스템 사고는 코끼리의 귀나 코나 다리만이 아니라 코끼리 전체를 '보는' 전체론적 과정이다.

'시스템 사고'에 대한 분석적인 접근은 20세기 초반에야 시작되었다. 시스템 사고가 발전하기 전에는, 자연세계를 분석하든, 사회를 분석하든, 개인을 분석하든, 기계론적 접근이 주종을 이루었다. 어떤 대상 전체와 그것의 목표나 목적을 참조하지 않아도, 그 대상의 차별적인 부분들과 작용만을 고려하면 그 대상을 충분히 이해할 수 있다고 믿어졌던 것이다.

시스템 사고는 분석적 접근법으로서 출발한 이후로, 여러 방면의 학문 분과들에 널리 이용되어왔다. 건축학, 생물학, 지질학, 물리학, 화학, 사회학, 경제학, 조직 이론, 인공두뇌학, 컴퓨터과학, 경영학 등 다방면에서 활용되어왔다. 어떤 분과에서든, 시스템 사고는 구체적인 것을 검토하는 수준을 벗어나 다양한 현상의 보다 넓은 영역을 이해하는 쪽으로 나아가도록 하는 데 도움을 주어왔다. 시스템 사고는 기록을 분석하고 관리하는 분야에서도 이용되어왔다. 기록물이란 어떤 조직이나 개인이 수행한 여러 기능 및 과정의 산물이다. 따라서 기록물 생산 및 이용의 배후에 놓여 있는 과정 전체를 명료하게 이해한다는 것은, 기록관리자를 위시한 관계자들이 그들의 정보 자원을 보다 효과적으로 관리하는 데 도움을 준다.

여러 대상들을 별개의 실체들로서가 아니라 전체로서 파악하고 분석한다는 것은, 그 대상들에 대한 보다 충실한 이해를 얻을 수 있게 해준다는 점에서 매우 중요하다. 어떤 대상이나 어떤 문제의 일부만을 분석하면, 부분적인 정보를 얻을 수 있을 뿐이다. 선택된 해결책도 문제의 일부만을 풀 수 있을 뿐이어서, 의사결정상의 치명적인 오류를 초래할 수 있다.

시스템이 어떻게 작동하는가를 이해할 때, 비로소 우리는 시스템을 변화시킬 힘을 얻는다. 이것은 업무시스템 분석이 종종 시스템 재구축과 나란히 진행되는 이유의 하나이기도 하다. 예를 들어보자. 공공부문 관리자는 업무시스템 분석을 이용해서, 보다 광범위한 공공부문 개혁사업의 일환으로 업무과정의 재설계를 추진할 때가 많다. 공공부문의 기록물을 관리하는 기록관리자 역시 업무시스템 분석을 이용해서 레코드키핑시스템(Recordkeeping system)을 재구축하고 강화할 수 있다.

시스템 사고와 업무시스템 분석

업무시스템 분석은, 조직을 이해하고 조직의 구조적 혹은 기능적 문제점을 해결하기 위해 시스템 사고를 적용하는 일과 관련된다. 이미 서론에서 정의하였듯이,

---

업무시스템 분석(Business Systems Analysis : BSA) : 어떤 조직을 하나의 시스템으로 분석하는 일과 관련된 분석틀이다. 즉 그것은 업무시스템에 관한 정보를 체계적이고도 객관적으로 집성한 후, 그 정보를 공식적 분석에 귀속시키는 과정을 말한다. 여기에는 조직의 포괄적인 목표를 확인하는 일, 업무 영역 및 과정을 유지하는 일, 그리고 업무과정을 정의하고 분해하는 일 등이 포함된다.

조직 환경에 적용될 때의 시스템 사고는, 조직을 일종의 업무시스템으로 간주한다. 자연 세계에서의 시스템과 마찬가지로, 업무시스템은 상호연관되어 상호작용하는 일련의 과정들로 구성되는바, 이 과정들은 공동의 목적을 달성하기 위해 함께 기능한다. 심장이 박동하여 혈액을 분사하고, 혈액이 분사되어 혈액순환체계를 유지하는 것처럼, 한 조직은 그 조직의 사명을 성취하기 위한 과정들 및 활동들을 수행하는 부분들로 구성된다.

업무시스템 분석은 하나의 업무시스템인 조직의 구성 부분들을 낱낱이 확인하고 정의하고 검토하여, 그 조직의 기능 방식에 대한 통찰을 얻고, 업무, 직업, 사람, 구조 등 다양한 요소들의 상호관계에 대한 통찰을 얻으려는 행위이다. 그 조직의 시스템들을 검토함으로써, 업무시스템 분석은 그 조직이 당면해 있는 위협들 역시 확인한다. 시스템의 어떤 부분이 순조롭게 작용하고 있는가? 어떤 부분은 개선이 필요한가? 이러한 정보는 그 조직의 기능들을 재설계하여 능률과 효율을 증진하기 위해 사용될 수 있다.

업무시스템 분석은 관리자로 하여금 자신이 관리하는 조직을 하나의 통합된 전체로 보도록 해주며, 그리하여 관리자가 조직 구조의 복잡성이나 일상 업무의 세부성(細部性)에 매몰되는 것을 막아준다. 관리자는 시스템 사고를 적용하여 자신의 조직을 이해할 때, 언제 최상의 성과를 얻을 수 있는지를 파악하게 된다. 그의 조직 즉 업무시스템을 구성하는 모든 부분들이 조직의 사명과 목표를 달성하기 위해 서로 조화롭게 협력하고, 외부 환경에 적응하여 구성될 때야말로 최상의 성과를 얻는 기회임을 알게 되는 것이다. 조직의 변동이나 재설계가 시스템 전체를 설명할 때에만 가장 바람직한 성과를 이룰 수 있다.

업무시스템 분석은, 한 조직에서 단지 한 개의 구성요소만을 재설계하려는 시도가 번번히 실패할 수밖에 없는 이유를 관리자가 이해하는 데 도움을 준다. 재정적-인적 자원관리의

개선을 목표로 삼는 공공부문 개혁 프로젝트들이 실패를 거듭해온 것은, 재정적-인적 기능들이 기록보존시스템과 얼마나 깊이 관련되어 있고, 기록관리시스템에 의해 얼마나 크게 뒷받침될 필요가 있는지를 무시한 탓이다. 역으로, 기록관리시스템을 재설계하려는 많은 프로젝트들은, 조직의 다른 시스템들과 통합되지 못하고 다른 시스템들을 지원하지 못하는 탓에 실패하기도 한다. 업무시스템 분석은 어떤 조직의 상호 연관된 부분들이 어떻게 전체적으로, 그리고 외부 환경에 대해 기능하는가에 관한 정보를 제공함으로써, 관리자가 이런 문제점을 피하는 데 도움을 준다.

사명과 목표의 중요성

조직을 업무시스템으로 이해할 때, 무엇보다 중요해지는 것은 조직의 사명을 명료하게 정의하여 진술하고 그 사명에 어울리는 목표를 설정하는 일이다.

사명의 진술(Mission Statement) : 한 조직의 목적이나 사명을 명료하게 성문화한 진술

목표(Objective) : 한 조직의 목적을 받쳐주는 특수한 목표에 대한 진술. 목표는 목적을 특정한 기간 안에 달성할 것을 의도한다.

업무시스템의 목적이 명료하지 않다면, 그 시스템의 요소들은 효과적으로 조직화될 수 없다. 어떤 조직은 서로 상충하는 목표들을 설정하는 경우도 있다. 어떤 정부기구가 한편으로는 예산을 절감하라는 훈령을 받고, 다른 한편으로는 지역의 고용기회를 제공하라는 지침을 받는 경우를 예로 들어보자. 이런 경우에, 하나의 목표를 달성하기 위해 업무시스템을 재설계하면, 다른 목표는 달성할 수 없게 된다. 조직에 대한 최상의 재설계를 결정하는 일, 혹은 성과를 극대화하는 일은, 이율배반적인 가치들과 이익들과 목표들을 저울질하는, 매우 까다로운 과정을 수반할 때가 많다. 이 어려운 과정에 대해서도 업무시스템 분석은 업무시스템의 구성 요소들이 서로 다른 목표들과 연결되어 있는 양상을 파악함으로써 도움을 줄 수 있다.

사명과 목표에 대한 보다 상세한 논의는, 『기록관리의 전략계획』(Strategic Planning for Records and Archives Services)을 참조하라.

이해당사자들의 중요성

    조직 내의 업무 과정들에 수반되는 각종 활동과 업무를 통솔하고 수행하는 데는 많은 사람들이 연관되어 있다. 이런 사람들은 이해당사자라 불린다.

    이해당사자(Stakeholder) : 한 조직의 주요관심사나 자원이나 성과에 대해 요구할 권리를 갖는, 혹은 그 성과에 의해 영향을 받는, 사람이나 집단이나 다른 조직.

    모든 정부 내에 있는, 직원에게 급료를 지급하는 시스템을 고려해 보자. 그 시스템 내에서 이해당사자들, 즉 귀속된 이해관계를 가지고 있는 사람들은, 회계관리자, 인력관리자, 피고용자 등을 망라한다. 이해당사자들은 각기 다른 요구를 갖는다.

    정부 내의 급료지급시스템이 재설계되고 있다고 가정해보자. 급료 지급기능이 단지 회계관리자의 요구에 맞추어 재설계된다면, 급료지급 대장 및 수표를 작성하는 시스템은 원활하게 작동하겠지만, 수표 발행은 적시에 이루어지지 못할 수 있다. 그러면 시스템 내의 다른 이해당사자들, 즉 인력관리자와 피고용자의 요구는 충족되지 못한다.

    마찬가지로, 정보관리자가 전자문서관리 시스템을 설계하고 운용함에 있어, 프로그램관리자, 정보보안관리자, 기록관리자, 아키비스트와 같은 이해당사자들을 고려하지 않는다면, 최상의 기능을 가진 시스템을 개발할 수 없음이 거의 확실하다. 이런 사태가 발생하면, 기록관리자와 아키비스트는 전자문서관리시스템과는 완전히 별개로 독자적인 전자기록물 관리 체계를 개발하는 식으로, 그 사태를 이용하려 할 것이다.

    각 시스템은 각자의 제한된 기능을 충족시키면서 작동하기는 하겠지만, 여러 시스템들이 함께 엮어지면 '차선'(suboptimal)으로 작동하게 된다. 시스템들은 각기 최선의 능력을 발휘하면서 작동하지 않게 된다는 말이다. 그리하여 시스템들은 조직의 전체적인 비용만 크게 늘릴 뿐, 그것들의 최종 사용자들에게는 커다란 실망을 안기게 된다.

    업무시스템 분석은 관리자로 하여금 그 조직을 전체적으로 파악할 수 있도록 해준다. 관리자는 더 이상 조직을 전통적인 방식, 즉 구조적이고 관료적이고 위계적인 방식으로 파악하지 않게 된다. 시스템 사고를 조직 분석에 적용하면, 관리자는 조직 전체에 대해서는 물론, 조직의 다양한 부분들 사이의 상호관계에 대해서도 진일보한 이해에 도달하게 된다. 그 결과, 부분들 사이의 상호관계는 시스템 전체가 가장 바람직하게 작동하는 방향으로 개선될 수 있게 된다. 조직화된 시스템들로의 변화는 때로 '업무과정 재설계'의 일부로 이루어진다.

> ***업무과정 재설계(Business Process Re-engineering : BPR)*** *:* 비용, 질,
> 서비스, 속도 등 오늘날의 중요한 성과평가 척도들의 견지에서 현저
> 한 개선을 이룰 목적으로, 업무 과정들을 근본적으로 재사고하고 급
> 진적으로 재설계하는 일.

업무과정 재설계는 기존의 오래된 (종종 시대에 뒤떨어진) 모든 절차들을 포기하고, 조직
의 기능들을 수행함에 요구되는 과정들을 재사고하고 재설계하는 일을 수반한다. 업무과정
재설계의 핵심에 있는 것이 바로 업무시스템 분석이다. 업무시스템 분석은, 업무과정을 재
설계해서 조직이 처한 문제를 해결하기 위한 전략을 구상하고 개발하는 데 필요한 분석틀
을 제공한다.

4. 기록관리자는 왜 업무시스템 분석을 이해할 필요가 있는가?

본 교육프로그램의 많은 모듈들에서 지적되어 왔듯이, 무슨 조직이든 효율적으로 기능하
려면 기록관리를 필요로 한다. 공공부문에서의 능률과 적절한 규제(governance)를 가능케
하는 것은 정보의 이용이다. 국방, 공공질서, 범죄예방, 환경보호 같은 정부의 핵심 업무에
서 기록물은 그 중심에 있다. 공공부문에서 적절한 규제라는 목표를 달성하기 위해서는,
정부의 정책 과정들을 재구성하는 것이 필요할 때가 많다. 정부의 '업무시스템들'을 재조직
할 필요가 있다는 말이다. 업무시스템 분석은 이러한 재구성 활동을 뒷받침해주는 분석틀
이다.

업무시스템 분석, 기록보존, 그리고 공공부문 개혁

공공부문 개혁의 목표는 적절한 규제이다. 적절한 규제는 다음과 같은 특징을 갖는다.

- 공적 책임성(accountability)
- 공적 정보 및 관련 문서(association)의 자유로운 열람, 그리고 개인 프라이버시의 보호
- 일반 시민을 위해 안전하고 예측 가능한 생활환경을 가꾸고, 경제 요소들과 조화를
  이루는 환경을 가꾸기 위한, 명료하게 정립된 법체계

- 관료들의 책임성과 투명성
- 효과적이고 능률적인 공공부문 관리
- 부패 탐지능력의 개선

공공부문의 기록물을 전생애에 걸쳐 관리한다는 것은 전 세계 모든 정부의 행정 개혁에서 매우 중요한 사안이다. 믿을만하고 가치 있는 정보에 접근할 수 없다면, 적절한 규제의 요소들을 정립하려는 노력은 수포로 끝날 수밖에 없다.

그렇지만 많은 나라에서, 믿을만한 정보를 적시(適時)에 이용하는 것은 여전히 불가능하다. 복사기며 컴퓨터의 도입, 그리고 정부행정의 확장으로 인해, 다수의 구식 등록시스템은 방대한 양의 문서를 감당하기 어렵게 되었고, 이런 이유에서 폐기되어 왔다. 옛 파일들이 복도에 높이 쌓여 있는가 하면, 파일을 담은 캐비닛들은 이용하기 힘든 두께의 파일들로 빽빽하게 들어차 있다. 정책을 뒷받침하는 문서가 일상적인 서신과 뒤섞여 있어서, 중요한 정보를 복구하기 힘들다. 파일의 보존상태 역시 열악하여 크게 훼손되어 있는 것이 일반적이다.

조직시스템을 포함한 시스템 일반의 기능과 통제에서 무엇보다 중요한 것은 정보와 기록물이다. 공공부문 조직들은 물론 이 조직들이 관할하는 사회에서, 정보와 기록물이 시스템 운용에 무엇보다 중요하다는 점을 감안할 때, 우리는 공공부문을 개혁하려는 기왕의 노력이 정보라는 요소를 간과한 탓에 종종 실패로 끝난다는 사실에 놀라움을 금할 수 없다. 정보를 간과한 개혁은 긴급한 목표를 충족시킬 수도, 적절한 규제를 위한 골격을 세우는 장기적 목표를 충족시킬 수도 없다.

여러 나라에서 공공부문 기록관리를 개선하려는 노력에 장애로 작용해온 것은, 국립기록보존소와 정부 내 기록생산 부서간의 갭이다. 이런 갭으로 인해, 국립기록보존소 문서고는 40년이 넘은 기록물로 대부분 채워지고, 정부 부서들 내의 기록물은 제대로 관리되지 못한 채 남아 있게 된다. 국립기록보존소들 중에는 감독권을 가진 것도 있지만, 이 경우에도 현용기록물을 관리하도록 훈련을 받은 전문가는 거의 전무한 실정이다. 뿐만 아니라, 준현용(semi-current) 기록물과 비현용(non-current) 기록물이 이관 절차를 거쳐 안전하게 보관되든지 적절하게 폐기되도록 하는 시스템도 거의 자리를 잡지 못한 실정이다. 흔히 공공부문 개혁 프로젝트의 열쇠로 간주되는 전자시스템은 기존의 기록관리 문제를 더욱 복잡하게 만들고 있다. 전자시스템은 심각한 결함을 가진 정보를 마구잡이로 이용하며, 실제로는 이전의 종이문서시스템에 의존한다.

공공부문 개혁 목표를 달성하여 적절한 규제에 도달하기 위해서는, 효과적인 기록관리야

말로 결정적인 요소이다. 바로 여기에 조직개편이 기록관리를 포함해야만 하는 이유가 있다. 기록물 관리과정을 개편하는 것은, 공공부문 개혁의 성패가 달려있는 정부의 핵심 과정들을 개편하는 작업의 중요한 일부로 간주되어야만 한다.

　기록물 관리과정들이 정부의 다른 과정들과 나란히 개편되고, 그리하여 레코드키핑이 그 과정들 안에 확실하게 정착되도록 하기 위해서는, 기록관리자와 아키비스트는 공공부문 개혁활동의 기초가 되는 분석틀로서 업무시스템 분석을 수행하는 방법을 이해하고 인식해야만 한다. 업무시스템 분석이라는 핵심 분석도구를 이용하는 데 필요한 지식과 실무기술을 갖추지 못하면, 기록관리자와 아키비스트는 공공부문 개혁의 주도권을 쥘 수도, 기록관리 조건을 개혁과정에 주입할 수도 없을 것이다. 그렇게 되면, 공공부문 개혁 목표를 달성하고 적절한 규제 상태에 도달하려는 노력도 수포로 끝나고 말 것이다.

> *공공부문의 개혁과 기록물 정보의 관리 사이의 관계를 보다 심층적으로 논의한 것으로는, 『공공부문의 기록관리 : 원칙과 체계』(The Management of Public Sector Records; Principles and Context), 및 『기록관리 인프라 개발』(Developing the Infrastructures for Records and Archives Services)을 참조할 것.*

기록관리자의 도구로서의 업무시스템 분석

　정부 내의 모든 지원 기능이 그러하듯이, 기록물 관리기능과 관리 조건을 재설계하는 것은, 보다 광범위한 공공부문 개혁활동의 일부로 착수될 수 있고, 이상적으로는 그렇게 착수되어야 옳다. 그렇지만 모든 정부 기구들이 그처럼 조직 전반에 대한 재편 작업에 열심인 것은 아니다. 이 경우, 공공부문 기록물을 관리할 책임이 있는 사람들은 그들이 조직의 기능 및 과정에 대해 기여할 수 있는 변화의 범위에서 한계에 직면하게 될 것이다.

　그러나, 비록 정부 전체규모의 업무 기능 재편이 진행되지 않는 경우라 할지라도, 혹은 공공부문 개혁에서 기록관리라는 요소의 비중이 제한적일 수밖에 없는 경우라 할지라도, 기록관리자는 여전히 업무시스템 분석을 하나의 도구로서 사용할 수 있다. 등록 기능을 재구성하고, 파일 분류계획 및 파일 폐기일정을 개선하고, 자동기록관리 기능을 발전시키고, 레코드키핑 과정을 개선하기 위한 많은 프로젝트들을 수행하는 등 다방면의 도구로 사용할 수 있다는 말이다.

> *업무시스템 분석을 기록관리시스템에 적용할 때 기록관리자가 수행하게 될 여러 수준의 작업은 제5과에서 논의될 것이다.*

업무시스템 분석은 기록관리자와 아키비스트에게 비교적 새로운 것이다. 기록관리자와 아키비스트는 전통적으로, 특히 기록물을 평가하고 폐기 일정을 수립할 때, '출처의 원리'라는 기록학의 원리에 맞추어, 기록물을 그것의 행정적 기원에 연결짓는 데 주안을 두었다. 대체로 그들은 기록물을 조직의 사명이며 기능이며 과정이며 업무에 연결짓지는 않았다.

업무시스템 분석은 기록관리자와 아키비스트가 그런 관계를 그리기 위해 사용할 수 있는 도구이다. 이 도구를 이용해서 그들은 조직의 사명, 조직의 행정구조, 조직의 기능, 조직의 과정, 조직의 업무 등과 그 조직이 늘 생산하는 기록물과의 관계를 파악할 수 있다. 이러한 이해와 지식을 갖추고 있으면, 기록관리자는 기록물의 보관상태를 개선하고, 기록물의 이용법을 개선하고, 자신의 작업을 보다 용이하게 수행할 수 있다. 결국, 적절한 레코드키핑은 조직의 체질을 강화하는 데 기여할 것이며, 공공부문에서는 능률성, 책임성, 적절한 규제 등 여러 목표를 달성하는 데 기여할 것이다.

업무시스템 분석은 원래 공공부문에서보다는 사적 부문에서 훨씬 널리 이용된 것이지만, 업무시스템 분석적 접근은 공적 부문과 사적 부문에 똑같이 적용될 수 있다는 점에 주목할 필요가 있다. 따라서 그것은 공사 영역을 막론하고 기록물 관리와 보존기록물 관리에 적용될 수 있다. '업무시스템 분석'에서 '업무'(business)라는 단어는 상거래라는 좁고 특수한 의미가 아니라, 목적 추구적인 모든 작업이나 활동이라는 보다 넓은 의미에서 사용되는 것이기 때문이다.

기록관리 관행에서 지역적 차이

기록관리 기능이 모든 나라나 모든 지역에서 동일하게 수행되는 것은 아니라는 점을 인정할 필요가 있다. 어떤 나라에서는 기록물과 영구기록물을 단일 부서에서 통합 관리하고 있다. 어떤 나라에서는, 기록관리와 영구기록물 행정이 전혀 별개의 기능으로 간주되며, 조직 내의 전혀 다른 부서에서 수행된다. 또한 기록관리 기능이 중앙의 기록보존기관에 집중된 나라가 많지만, 어떤 나라에서는 기록관리가 분산되어, 관리 책임이 기록물을 생산한 기구에 부과되기도 한다.

본 모듈은 이처럼 상이한 접근법들을 차별화하려는 것이 아니라, 기록관리와 영구기록물 관리에 대해 대체로 통합적인 접근법을 취하면서, 양자를 단일 기능의 양측면으로 간주하고자 한다. 본 모듈에서 소개된 개념들 및 원리들을 응용하고자 할 때에는, 반드시 지역적 전통과 관행도 함께 고려되어야 한다. 마찬가지로, 기록물 및 영구기록물에 대한 전통적 관리방식을, 이제 막 출현한 전자 환경에서 변화하고 있는 기록관리 기능의 성격과 대조할 필요가 있다. 후자의 환경에서는 기록물 관리 및 영구기록물 관리가 정보기술관리에 점차 통합되어 가는 추세이기 때문이다.

요약

제1과는 업무시스템 분석이 조직을 업무시스템이라는 견지에서 고려하고 분석하는 작업이라는 점을 구명하였다. 여기서는 왜 기록관리자가 업무시스템 분석을 이해할 필요가 있는지의 문제도 검토되었다.

다른 유형의 시스템들과 마찬가지로, 업무시스템도 그것의 사명을 성취하기 위해 기능한다. 업무시스템을 구성하는 일련의 상호 연관된 부분들(하위시스템들, 구조들, 과정들, 활동들, 업무들)은 사명을 수행하는 과정에서, 외부 환경에 맞추어, 그리고 외부환경의 영향을 받아가면서 작동한다. 업무시스템 분석은 조직이 하나의 시스템이라는 견지에서, 조직이 기능하는 방식을 이해하기 위해 사용되는 분석틀이다. 여기서 얻은 정보는 다시 조직이 처한 문제를 해결하는 데 이용될 수 있다.

예를 들어, 업무체계분석에서 얻은 정보는 조직이 처한 문제점을 확인하고 업무과정 개편을 통해 그 문제점을 해결하는 데 이용된다. 조직의 구성 요소들을 재설계할 때에는, 그 조직의 모든 부분들이 함께 조화를 이루면서 기능할 수 있도록 주의를 기울여야 한다. 재설계는 조직의 사명이며 목표를 달성함에 받침대가 되어야 하며, 외부 환경과 잘 어울리는 것이라야 한다. 상충하거나 경쟁적인 목표들이 균형을 잡는 것 역시 중요하다. 모든 이해당사자들을 골고루 참작할 필요가 있다는 말이다. 재설계에서 개념들 및 원리들이 부적절하게, 상황에 맞지 않게 적용되어서는 안된다. 업무시스템 분석에서 얻은 정보는, 적절하게 이용된다면, 재설계에서 부딪칠 수 있는 이러한 함정을 피하는 데 도움을 줄 것이다.

업무시스템 분석은 조직의 변화, 레코드키핑의 개선, 종국적으로는 공공부문 개혁을 위해 가치 있는 도구로 간주될 수 있다.

학습과제

1. 다음 용어들을 정의하라.

   - 시스템
   - 기능
   - 사명의 진술
   - 목표
   - 업무시스템 분석
   - 이해당사자

2. 본문에서 다양한 유형의 시스템들이 소개되었다. 어떤 다른 시스템의 사례들을 생각해 볼 수 있는가? 여러분이 그 다른 사례들을 시스템들이라고 생각하는 이유는 무엇인가?

3. 시스템 사고에는 어떤 이점들이 있는가?

4. 한 시스템의 구성 부분들을 기술하라. 이 부분들은 서로 어떻게 연결되는가?

5. 시스템 이론에서 환경은 어떤 의미(중요성)를 가지고 있는가?

6. 업무시스템 분석이란 무엇이며 어떻게 이용될 수 있는가?

7. 한 조직의 과정들에서 사명과 목표는 얼마나 영향을 미치는가?

8. 업무시스템 분석시에 모든 이해당사자들을 참작하지 않는다면, 그 조직의 업무수행에 어떤 결과가 초래될 수 있는가?

9. 기록관리자는 왜 업무시스템 분석을 이해할 필요가 있는가?

10. 업무시스템 분석, 기록관리, 공공부문 개혁 등 셋 사이의 관계를 설명해 보라.

연습 : 조언

연습 1

소화 시스템은 하나의 시스템이다. 여기에는 창자, 입, 위 등 다수의 하위시스템들이 포함된다. 다른 시스템으로는 호흡시스템이 있다. 이 시스템의 하위시스템에는 기도(氣道)와 허파 등이 포함된다. 직업세계에서는, 인적 자원관리가 하나의 시스템으로 고려될 수 있다. 이 시스템의 하위시스템에는, 적정 수준의 직원을 유지하는 것, 인적 자원의 문제점이나 현안을 다루는 것 등이 포함된다.

연습 2

소화시스템의 주요 기능은, 우리가 칼로리를 흡수하여 생명과 건강을 유지할 수 있도록 먹은 음식물을 소화하는 것이다. 소화 과정들에는 음식물을 씹고 삼키기, 음식물을 위로 흡수하기, 음식물을 에너지로 바꾸기, 남은 찌꺼기를 배출하기 등이 포함된다. 인적 자원 관리시스템에는 고용하기, 평가하기, 업무능력을 향상시키기(employee performance), 인력수급계획을 수립하기 등이 포함된다. 이 같은 과정들은 작용 중인 행위요, 따라서 동사형으로 명명되곤 한다는 점에 주목하여야겠다.

연습 3

음식을 먹는 것은 입력요소이다. 신체는 음식 내의 칼로리를 섭취하여 음식물을 에너지로 변환한다. 에너지는 달리기나 걷기나 일하기에서 소모되는바, 이런 행위는 출력요소이다. 호흡시스템에서는, 공기가 입력요소이고, 이산화탄소는 출력요소에 해당할 것이다. 변형과정은 우리가 숨쉴 수 있도록 폐가 공기로부터 산소를 취할 때 발생한다.

인적 자원 관리에서는, 각 업무 과정은 입력요소, 변형요소, 출력요소에 해당하는 다수의 활동들로 구성될 것이다. 예컨대, 신규 피고용자를 고용하는 과정은 구직광고, 응모서류 처리, 추천서 검토, 인터뷰 수행 등 여러 활동들을 포함할 것이다. 다시 이들 활동들은 각기 다수의 업무로 구성된다. 예를 들어, 응모서류 처리 활동은, 자격요건에 맞는 응모서류를 골라내는 일, 자격요건을 갖춘 자의 응모서류를 검토하는 일, 정해진 고용기준에 따라 응모서류의 순위를 매기는 일 등을 포함할 것이다.

신규 피고용자가 조직의 일원이 되면 무슨 일이 추가되는가? 다양한 업무 과정들이 수반된다. 예컨대, 피고용자의 급료를 지급하기 위해서는, 그/그녀의 은행계좌가 요구된다. 은행

계좌는 신입직원양식에 삽입된다. 이 양식은 인적자원 부서에 의해 처리되며, 이 부서는
관련 세부 사항을 급료지급 명부에 기재한다. 이것은 변형 요소이다. 결국 급료는 월말에
피고용자의 계좌에 입금된다. 이것은 출력요소이다.

업무시스템 분석과 기록물 정보의 관리

　제1과에서 해명되었듯이, 하나의 조직은 하나의 시스템으로 이해될 수 있다. 조직 역시 다른 시스템들의 공통 특징을 공유하기 때문이다. 생물 유기체, 대기, 질병, 생태계, 공동체, 가족 등이 모두 시스템인 것처럼, 조직 역시 시스템이다. 어떤 조직이 그것에 속한 모든 과정들을 수행하고 통제하고, 안정성을 유지하며, 목적을 성취하려면, 정보에 의존하지 않을 수 없다.

　정보와 커뮤니케이션은 한 조직시스템의 성패를 결정한다. 어떤 조직이 효과적으로 작동하고 통제력을 유지할 수 있으려면, 이에 정비례하여 그 조직의 정보처리능력과 커뮤니케이션 기술을 발전시켜야 한다. 정보가 없으면, 공적 조직이든 사적 조직이든 제대로 기능할 수 없다. 정보는 조직 내의 의사결정을 뒷받침한다는 점에서도 중요하지만, 업무과정 및 업무활동을 통제하는 데 도움을 주고, 그 조직의 지속적인 성장과 발전을 보증한다는 점에서도 중요하다. 그런데 한 조직이 소유한 정보의 대부분은 그 조직의 기록물에 들어 있다.

　이번 과는 업무시스템 분석과 기록물 정보 관리 사이에 어떤 관계가 있는지를 이론적으로 논의하고자 한다. 본 과목을 학습한 후, 여러분은 다음과 같은 것들을 이해해야만 한다.

- 업무시스템이 기능함에 있어 정보의 중요성
- 시스템적 관점에서 본 기록물의 본성
- 업무시스템 분석은 기록물 정보의 관리에 어떻게 응용될 수 있는가?
- 업무시스템 분석과 기록물 및 영구기록물 관리기능 재설계 사이의 관계
- 기록물 및 영구기록물 관리기능 재설계와 관련된 현안

1. 업무시스템 분석과 기록물

　본 교육프로그램의 여러 모듈에서 논의되었듯이, 기록물 중에는 다양한 종류, 다양한 형식의 데이터와 정보를 담은 문서가 포함되어 있다. '기록물'이라는 단어는 편지, 회의록,

리포트 등 파일 속에 들어있는 종이 문서를 연상시키는 것이 보통이다. 그러나 기록물은 마이크로필름이나 광디스크 같은 다른 수단으로 생산되거나 옮겨질 수 있는데, 이것들도 여전히 기록물이다. 흔히 기록물로 간주되는 문서 유형들도 다양하다. 지도, 도면, 사진, 녹음된 것이나 동영상도 기록물에 속한다.

전통적으로 기록물은 만지거나 느낄 수 있는 유형적(有形的) 실체로 간주되어왔지만, 더 이상은 그럴 필요가 없다. 전자메일 메시지라든가, 자기(磁氣) 테이프나 디스크에 저장된 원문이나 그림, 혹은 원문/그림의 합성물 또한 기록물로서의 자격을 갖추고 있다. 이런 종류의 기록물이 자동화 형식으로 저장된다는 것은 중요한 문제가 아니다.

기록물로서의 자격을 갖기 위해서는, 정보의 형식은 중요하지 않다. (공적 혹은 사적) 조직이나 개인이 업무수행과 업무처리 과정에서 생산하거나 접수해서 한동안 이용하다가 이후 그 수행 및 처리의 증거로 유지하는 정보를 담고 있는 것이면, 무엇이든 기록물이 될 수 있다. 업무수행이 조직 내 과정들의 일부로 이루어진다면, 이 과정들은 다시 하위시스템들 즉 기능들의 일부를 형성하고, 이 기능들이 엮어져 조직시스템 전체를 구성하며 조직시스템을 작동시킨다. 따라서 기록물이 생산되는 상황이야말로, 기록물에게 조직이 수행한 업무의 증거라는 특별한 성질을 부여해주는 것이라고 하겠다.

비록 기록물이 취하는 형식은 종종 그것이 뒷받침하는 기능을 따르기는 하지만, 기록물을 정태적(靜態的) 산물이나 형식으로는 볼 수 없다. 기록물은 정보의 내용만이 아니라, 정보의 구조와 상황을 모두 간직한 것이기 때문이다. 내용과 구조와 상황이라는 중요한 요소 중 어느 하나라도 빼놓으면, 더 이상 기록물은 존재하지 않는다. 이 세 요소가 함께 결합될 때, 비로소 기록물은 조직시스템의 동태적 과정을 구성하는 다양한 업무수행의 정보적 입력요소와 출력요소에 대한 증거를 제공한다.

기록물을 이해하고, 그리하여 기록물을 효과적으로 관리하는 바람직한 방식은, 기록물을 조직시스템과의 관계에 비추어, 즉 기록물의 생산 상황에 비추어 분석하는 것이다. 업무시스템 분석은 이런 식의 기록물 분석을 위한 도구를 제공한다. 시스템 사고를 적용해서 기록물에 대한 이해를 높이는 방법을 급료지급 대장을 예로 들어 설명하면 다음과 같다.

1. 첫째, 여러분은 기록물을 그것이 반영하는 업무처리와 과정에 연관지을 필요가 있다. 급료지급 대장은 어떤 활동으로부터 생산되며, 급료지급 대장의 작성을 일부로 포함하는 과정 전체는 어떤 활동으로부터 생산되는지를 잠시 생각해 보자. 급료지급 대장은 급료를 받을 권리를 가진 사람들, 그리고 각 사람에게 지급되어야 할 금액을 목록으로 작성하는 활동을 반영한다. 이 대장의 생산은 피고용자에게 급료를 지급하는 과

정의 일부이다. 이 예를 통해, 특정 기록물의 형식은 그 기능에 따라 결정된다는 점을 이해할 수 있을 것이다.

2. 둘째, 여러분은 시스템 전체가 위치한 상황 안에서 피고용자에게 급료를 지급하는 과정을 이해할 필요가 있다. 위의 예에서, 여러분이 정부의 피고용자에게 급료를 지급하고 있다고 가정해 보자. 이 경우에, 시스템은 무엇인가? 만일 피고용자들이 봉사하고 있는 실체인 정부라고 답한다면, 이것은 옳은 대답이다. 그렇다면 이 시스템의 환경은 무엇인가? 그것은 무엇으로 구성되는가? 이 시스템의 외부에 있는 사적 부문과 시민들은 그 시스템의 환경 중 일부를 구성한다. 그렇다면 정부라는 시스템의 기능이나 사명은 무엇인가? 국가의 적절한 규제는 하나의 대답이 될 수 있다. 이러한 사명을 성취하기 위해, 국가는 어떤 하위시스템들을 갖추고 있으며 어떤 기능들을 요구하는가? 이 하위시스템들이나 기능들 중 하나가 공무원을 관리하는 일이라 한다면, 공무원 관리라는 업무 과정들 중 하나가 바로 피고용 공무원에 대한 급료지급이라고 하겠다.

3. 정부 피고용자에게 급료를 지급하는 과정을 이행하기 위해서는, 여러분은 여러 조각의 정보를 가지고 있어야만 한다. 여기에는 급료를 받는 피고용자가 몇 명인지, 각 피고용자에게 급료지급 주기 당 얼마를 지급해야 하는지, 주기 당 피고용자의 급료는 결근이나 그 밖의 다른 이유에서 조정되어야 하는지 등에 관한 정보가 포함될 것이다. 급료를 받는 피고용자가 몇 명인지를 알기 위해서는, 지급 주기마다 피고용자 통계를 작성할 수도 있을 것이다. 그렇지만 다행스럽게도, 여러분이 기록물을 참조할 수 있다면, 그처럼 지루하고 시간 낭비적인 작업을 수행하지 않아도 된다. 종이든, 마이크로필름이든, 전자 형식이든, 피고용자 명단이나 목록은 여러분의 조직에서 몇 명의 피고용자가 일하고 있는지에 관한 정보를 담고 있기 때문이다. 이런 종류의 기록물은 조직 내의 다른 과정의 일부로서 생산되고 꾸준히 개정되어온 것임이 분명하다. 즉 그것은 피고용자 고용 과정의 일부로 생산, 개정되어온 것이다. 여러분이 필요로 하는 정보를 이 기록물로부터 얻을 수 있게 된 것은, 신규 고용과정에서 그 기록물을 생산한 개인이 배려한 덕택이다. 그는 자신이 작성한 기록물이 조직 내의 기록관리시스템에 보관되어, 고용계약의 증거로 남고 향후 빈번하게 참조될 수 있도록 배려하였던 것이다.

4. 다음으로 알 필요가 있는 것은 각 피고용자에게 지급되어야 할 금액이다. 이 경우에도 여러분은 기록물을 참조할 수 있는 덕택에, 수치를 하나씩 직접 확인하거나 '보스'에게 물을 필요가 없다. 급료가 지급될 피고용자의 수에 관한 정보가 기록물에 들어 있듯이, 피고용자의 현재 호봉과 급료 수준을 입증하는 기록물도 다른 업무처리 및 과정의 산물로 생산되어 있을 것이다. 그런 기록물은 단체 협약, 피고용자 등급분류, 피고

용자 평가, 예산 수립 등 여러 과정에서 생산되었을 것이다. 예컨대, 공공부문 피고용자(공무원) 노동조합과의 단체 교섭결과는, 피고용자 한 사람 당 얼마가 지급되어야 하는지에 관한 정보를 얻는 데 참조할 수 있는 기록물 중 하나가 될 수 있다.

5. 피고용자에게 지급하는 데 필요한 모든 정보를 얻은 뒤에는, 이 정보를 이용해서 그 과정의 최종 출력요소를 산출해야 한다. 즉 피고용자 각각에게 지급수표를 발행해야 한다. 이 지급수표 역시 기록물이다. 만일 여러분이 급료 자동지급시스템을 사용하고 있다면, 지급수표를 발행하는 과정에서, 지급과정의 출력요소로 데이터입력 로그(data entry log)와 일괄처리 리스트(batch list)를 만들 수도 있을 것이다. 여러분은 급료지급대장만이 아니라 데이터입력 로그와 일괄처리 리스트도, 전자 형식이나 종이(hard copy) 형식으로, 조직의 기록관리시스템 안에 보관할 수 있을 것이다. 그리하여 그것들을 급료에 대한 의문에 대비한, 증거이자 이후의 참조용으로 유지할 수 있을 것이다. 다시, 조직의 회계원이나 내부감사관은 이 기록물을 자신이 수행하는 업무와 자신이 책임지고 있는 과정에서 입력요소로 이용할 수 있을 것이다.

이상의 단계들은 급료지급 과정 외에도, 여러 과정을 보여준다. 이 부가적 과정들로부터 나오는 출력요소는 급료지급 과정에 대한 입력요소로 이용된다.

위의 예에서 알 수 있듯이, 기록물을 단순히 특징적인 물리적 대상으로 간주하지 않고, 시스템적 접근법을 이용할 때, 기록물에 대한 이해는 그만큼 더욱 깊어진다. 시스템적 접근법은 기록물을 조직의 업무며 과정이며 하위 시스템(기능)에 비추어 이해할 수 있도록 해준다. 그리하여 결국 여러분은 다음과 같은 사항을 파악할 수 있게 된다.

- 조직이 생산한 기록물은 어떻게 조직의 과정들, 이 과정들이 수행하도록 되어 있는 기능들, 이 기능들을 포괄하는 구조들 등을 뒷받침하는가?
- 한 과정의 출력요소로서 생산된 기록물은 어떻게 정보처리의 연속적인 피드백 순환회로 안에서, 다른 과정들에 대한 정보적 입력요소로 이용되는가?
- 기록물과 기록물에 포함된 정보 중에서 어떤 종류의 것이 조직의 과정들 및 이와 연관된 기능들을 수행하거나 통제하는 데 필요한가?

더 나아가 기록물은 핵심 업무 과정들과 연관되기 때문에, 업무시스템 분석을 이용하면 그 조직을 이해하기에 더욱 유리한 위치를 점할 수 있을 뿐만 아니라, 기록관리영역 밖의 다른 프로그램 관리자들 및 임원들로부터 꼭 필요한 후원을 얻을 수도 있다.

> ## [연습 4]
>
> 앞에서 언급된 단계들은 급료지급 과정 이외의도 다른 여러 과정들과 이해당사자들을 포괄한다. 본 연습은 부 부분으로 나뉘어 있다. 첫째, 위의 다섯 단계들에서 언급된 모든 이해당사자들을 확인하는 차트를 그려서, 이해당사자들 사이의 관계와 그들 각자가 속해 있는 서로 다른 과정을 제시하도록 하라. 일부 이해당사자는 두 과정 이상에 속하기도 한다는 점을 유념하라. 둘째, 그런 다음에 급료지급 과정의 흐름 도표를 그리고, 입력요소와 출력요소를 표시하도록 하라.

업무시스템 분석 활동에서 얻은 지식은, 조직의 기록물에 대한 효과적인 관리를 뒷받침해준다.

> *기록관리(Records Management)* : 한 조직의 기록물들에 대해 그것들의 생명주기 동안, 생산, 유지, 활용, 폐기 등에서 경제성과 능률성을 달성하는 일, 그리고 그 기록물을 그 조직의 업무를 뒷받침하기 위해 이용될 수 있도록 정보화함에서 경제성과 능률성을 달성하는 일과 관련된, 일반 행정 관리의 영역.

기록물 및 영구기록물의 관리 기능은, 비록 나라마다, 각국의 전통에 따라 크게 다르지만, 다음과 같은 기능을 포함하는 것이 전형이다.

- 기록물을 추적하여 위치를 정하고, 기록물의 위상을 결정하기
- 서한, 보고서, 양식 등을 관리하기
- 기록물 및 영구기록물 관리를 위한 정책, 절차, 실무, 기준 등을 개발하고 문서화하고 알리기
- 기록관리시스템을 설계하고 실행하기
- 기록물 및 영구기록물 관리를 실무자들 및 여타 피고용자들에게 교육하기
- 기록물의 보관 조건 및 보존기간을 결정하기 위해 프로그램 관리자들과 협력하기, 그리고 기록물 처리 일정 수립하기
- 편철 장비 및 비품 선택하기
- 보유 기록물 목록 작성하기
- 중요 기록물 보호하기
- 자료관(Records Centers)을 계획하고 운용하기

- 영구기록물을 처리하고 관리하기
- 기록관리 기능들을 자동화하기
- 전자기록관리, 화상시스템, 여타 정보시스템을 선택함에 있어, 프로그램 관리자 및 시스템 전문가와 협력하기
- 기록물 및 영구기록물 관리가 정책, 절차, 실무, 기준에 맞게 수행되고 있는지를 점검하기 위한 감사활동을 수행하기

> *기록물 및 영구기록물에 관한, 보다 상세한 정보는 본 교육프로그램의 핵심 모듈들을 참조할 것.*

업무시스템 분석은 기록관리에 필요한 조건들을 조직 내 과정들로 정립함으로써, 기록물 및 영구기록물 관리 목표를 달성하는 데 이용될 수 있다. 예컨대, 기록물 전문가가 업무시스템 분석을 이용하면 다음과 같은 일에 도움을 줄 수 있다.

- 편지, 리포트, 양식 같은 기록 전달수단이 조직 내 과정들에 반드시 필요한 것만으로 한정되고 최적의 포맷으로 한정되게끔, 그 과정들을 운용하고 통제하려면 어떤 종류의 정보가 필요한지를 이해하는 일
- 업무절차 매뉴얼을 개발하여 조직 내 과정들을 운용하고 통제하려는 어떤 종류의 정보가 필요한지를 이해하는 일
- 보다 개선된 기록관리시스템을 설계하는 데 이용될 수 있는 정보를 제공하기 위해 기록물들, 조직 내 과정들, 이 과정들이 수행하도록 되어있는 기능들 등 세 요소 사이의 관계를 분석하는 일
- 정보공개의 규칙을 제정하기 위해 기록물, 조직 구조, 과정 사이의 관계를 분석하는 일
- 기록물 보관에 영향을 미치는 요소들을 보다 적절하게 이해하고, 평가를 보다 손쉽게 수행할 수 있도록 기능, 과정, 구조 사이의 상관관계를 이해하는 일
- 조직의 기록물과 조직의 사명 사이의 관계를 이해하여, 그 조직의 운용에 필수적인 중요 기록물을 확인하는 일
- 기록물을 조직의 기능, 과정, 활동 등에서의 입력요소와 출력요소로 파악함으로써, 업무의 흐름을 개선하고 정보의 질을 높이기 위해서는, 정보기술이 어디에 적용되는 것이 유용한지를 이해하는 일
- 작업의 흐름과 전자기록관리시스템을 설계함에 있어 정보기술 전문가가 역량을 발휘할 수 있도록, 기록관리자와 아키비스트가 동료 정보관리자 및 정보기술자와 협력하고 정보시스템과 기록관리 조건을 연결시킬 능력을 강화하는 일

업무시스템 분석은 기록관리자가 레코드키핑시스템을 재구축하는 데 응용될 수 있을 뿐
만 아니라, 아키비스트가 구식 기록생산시스템을 이해하고, 그리하여 구식시스템에서 생산
된 영구기록물을 평가, 정리, 기술하는 데에도 도움을 줄 수 있다.

평가에 관한 보다 상세한 정보는, 『기록물평가시스템』
(Building Records Appraisal Systems)을 참조할 것.

[연습 5]

기록물 목록작성은 기록관리 기능의 하나이다. 기록물 목록작성을 수행함에 있어, 업
무시스템 분석에서 채집된 데이터는 어떤 도움을 줄 수 있는가? 또한 그 밖의 다른 기록
관리 기능에도 업무시스템분석이 이용될 수 있을지를 더 생각해보도록 하라.

2. 업무시스템 분석과 기록관리 기능의 재설계

업무시스템 분석은 기록물을 이해하고, 조직 내에서 기록물을 생산하거나 접수하거나 이
용하는 업무, 과정, 기능 등을 이해하기 위해 응용될 수 있다. 그러나 업무시스템 분석은,
이 같은 기능이며 과정이며 업무가 최적으로 수행되어 조직의 목표를 보다 효과적으로 달
성할 수 있으려면 어떻게 재설계되어야 하는지에 관해서도 알려준다.

기록관리자는 비록 업무시스템 분석을 이용하여 재설계가 필요한 조직 내 과정들을 확인
할 수는 있어도, 이 과정들을 '주재'(主宰)할 수는 없다. 기록관리자가 그 과정들의 수행에
책임을 지고 직접 참여할 수는 없다는 말이다. 그렇기 때문에, 기록관리자는 그 과정들의
수행을 개선하고, 나아가 시스템 전체를 개선하기 위한 변화의 주도권을 잡을 위치에 있지
않다.

기록관리자는 셋 중 하나를 선택해야만 한다. 첫째는 한발 앞서나가면서, 정보유통시스
템 및 이와 관련된 기록관리시스템에만 변화를 가하는 방안이다. 이 경우 기록관리자는 전
체시스템의 일부만을 바꿀 수 있다. 둘째는 개선된 기록관리에 의해 시스템 전체를 바꿀

수는 없지만 적어도 몇몇 과정들은 강화될 수 있다는 믿음을 가지고, 변화를 주도하는 것이다. 그렇지만 그 기초적인 과정들이 능률적으로 작동하지 못하고 있는 경우에, 기록관리시스템만을 바꾸는 것은 바람직하지 않다. 마지막으로 세 번째 방안은, 기록관리자가 각 시스템과 과정의 책임자를 찾아가 설득하고 허락을 득하여, 상부의 지시로 프로젝트를 수행하는 것이다.

변화를 효과적으로 도모하기 위해서는, 기록관리자나 아키비스트가 보다 광범위한 재설계 과정에 참여해야만 한다. 이러한 참여는 업무 과정 전반의 포괄적인 개편에 대한 고위 관리진의 관심이 높아야만 가능하지만, 관심이 결핍된 경우가 많다. 사실 프로그램 관리자들은 기록관리자 및 아키비스트의 권고에 저항할 수 있다. 그들 편에서는, 기록관리자와 아키비스트가 그들의 업무를 이해하지 못하는 것은 물론, 심지어 그들의 작업을 방해하는 것으로 조차 보일 수 있기 때문이다. 이런 이유 때문에, 기록물 전문가들은 아이디어를 짜내 고위 관리진과 거래할 필요가 있고, 대등한 존재로 대접될 수 있도록 노력할 필요가 있다.

> *기록물 및 영구기록물 서비스를 증진하는 데 필요한 보다 상세한 정보는,『기록관리의 전략계획』(Strategic Planning for Records and Archives Services)을 참조할 것.*

가장 이상적인 기회는, 업무 과정들의 책임자들이 업무과정의 개편에 착수하여 개편문제에 관심을 집중하고 있을 때 찾아온다. 이 기회에 기록관리자와 아키비스트는 과정 책임자, 기술 전문가와 그 밖의 이해당사자들과 팀을 이루어 함께 작업할 수 있다. 이 팀은 기록관리를 포함한 모든 영역에서 최적으로 기능할 과정들을 설계하기 위해 함께 작업한다. 경험에 비추어 볼 때, 이러한 접근법을 취할 경우 업무 과정들의 책임자들은 각자가 책임진 과정의 기능에서 기록물이 중요함을 이전에 비해 훨씬 높이 평가하고, 그리하여 기록물 정보의 효과적인 관리에 필요한 요건들을 보다 쉽게 받아들일 수 있게 된다.

그러나 불행하게도, 기록관리자와 아키비스트는 이처럼 이상적인 상황과는 동떨어진 상황에 대처할 수밖에 없는 경우가 많다. 사무실이나 구석진 곳, 그밖에 가용 공간이면 어디에나 쌓여있는 파일들, 그럼에도 불구하고 현용 기록물을 담당하는 기록관리부서는 전혀 기능하지 못하는 상황. 이런 상황에 대처하려면, 기록관리자와 아키비스트는 보다 현실적인 접근법을 택하지 않을 수 없다. 파일을 즉각 처리하는 따위의 단기적인 응급조치도 필요하기는 하지만, 그것만으로는 문제의 뿌리를 해결할 수는 없다. 고위 관리자들에게, 응급조치로는 그 문제를 근본적으로 해결할 수 없다는 것, 실질적인 개선이 이루어지려면 업무

과정들에 변화를 가할 필요가 있다는 것 등을 납득시켜야만 한다.

　기록관리자와 아키비스트는, 자신이 책임진 업무과정을 재설계하고 편제의 변화를 도모할 여지 역시 가지고 있다. 이런 작업에는 기록관리부서, 자료관, 영구기록보존소 등에서 수행되는 업무 과정들이 포함될 것이다. 조직의 기록관리시스템에 포함된 과정들에 대해서는, 기록관리자와 아키비스트는 업무시스템 분석 프로젝트를 수행할 수 있고, 그리하여 기능, 구조, 과정 등의 변화를 도모할 수 있다.

　그렇지만 이 경우에도, 기록관리자와 아키비스트는 난관에 봉착할 수 있다. 각 조직의 기록관리 기능은, 그 조직 내의 다양한 구조들을 거쳐서 수행되기 때문이다. 정부기관의 여러 부, 처, 실, 국 등에서, 기록생산과 기록관리는 서로 분리되어 수행될 수 있다. 기록생산자와 기록관리자가 관계를 맺고 있는 조직 내 기구며 업무도 판이하게 다를 수 있다. 이로 인해, 기록관리자와 아키비스트는 서로 분리된 채 각기 별개의 부처에 소속되어 작업할 수 있다. 이처럼 작업이 전문화되고 과정이 파편화된 구조에서는, 기록관리자와 아키비스트가 거의 전적으로 주관하는 과정들을 개편하는 것조차도 심각한 장애에 부딪칠 수밖에 없다.

　기록관리시스템의 재설계에 성공하려면, 기록관리자와 아키비스트는 조직 내 모든 부서의 구성원들과 함께 작업하는 데 익숙해져야만 한다. 고위 관리진이 조직 전체 규모의 업무시스템 분석 활동에 기록관리자와 아키비스트를 포함시켜야 함을 기억할 필요가 있듯이, 기록관리자와 아키비스트도 기록물시스템을 분석함에 있어 다른 이해당사자들을 포함시켜야만 한다. 이를테면 프로그램 관리자, 정보기술 전문가, 정보관리자, 법률전문가, 내부감사역 등 여러 이해당사자들과 협력해서 기록물시스템을 분석해야 한다.

　기록관리시스템의 재설계에서 봉착하는 이러한 공통의 난관을 피하는 방안이 없는 것은 아니다. 기록물 등록자(registrar)의 기능, 기록관리자의 기능, 자료관 책임자의 기능, 정보관리자의 기능, 아키비스트의 기능 등 전통적으로 구별되던 기능들을 하나의 통합된 구조로 대체하는 방안이 그것이다. 기록물의 순환을 관리함에 있어 이 전문가들 각자의 전문적 기여를 인정하되 모두를 통합하는 방안 말이다. 공공부문 기록물 관리에 종사하는 모든 전문가들은, 국립기록보존소를 국가기록물관리기구이자 영구기록보존소로 기능할 수 있도록 개편함으로써, 그 같은 장애들을 제거할 수 있을 것이다.

> 위의 바람직한 조직 구조에 대한 보다 상세한 정보는,『공공부문의 기록관리 : 원칙과 체계』(*The Management of Public Sector Records: Principles and Context*) 및『기록관리 인프라 개발』(*Developing the Infrastructures for Records and Archives Services*)을 참조할 것.

[연습 6]

여러분이 여러분의 조직 내에서 담당하고 있는 과정을 생각해보라. 여러분 각자가 '주관하는' 과정은 무엇이고, 다른 사람들이 '주관하는' 과정은 무엇인가?

[연습 7]

여러분이 주관하지 않는 과정에 대해, 최소한의 기록관리 요건을 구축하라는 요구를 받았다고 가정해 보자. 여러분이 당면하게 될 현안들은 무엇인가? 여러분은 어떤 접근법을 취할 수 있는가?

요약

　제2과는 업무시스템들의 운용, 관리, 통제 등에서 정부가 필수적임을 설명하였다. 기록물은 업무 처리의 증거로 이용되는 한편, 중요한 정보 원천이라는 점에 주목하였다. 업무시스템 분석은 기록물을 보다 적절하게 이해하여 보다 적절한 기록관리 방안을 마련하는 데 적용될 수 있다. 업무시스템 분석은 기록물시스템을 개편하는 데 적용될 수 있다. 두 가지 접근법이 논의되었다. 첫째는 이상적 접근법으로, 업무 과정들의 책임자들이 업무 과정들의 개편을 주도하고 지원할 때 가능한 것이다. 이 때, 공공부문 기록물의 관리자들은 그 책임자들과 협력하여, 재설계된 과정들을 지원하는 기록관리시스템들을 개편할 수 있다. 둘째는 현실적인 접근법이다. 이 경우 공공부문 기록물의 관리자들은 그들 자신의 기록관리시스템들을 개편하는 데에만 초점을 맞추게 된다.

학습과제

1. 본 과에는 기록물의 상이한 유형들 및 형식들이 열거되어 있다. 여러분이 다른 유형이나 형식을 생각해본다면, 어떤 사례가 있는가?

2. 기록물의 형식은 기록물의 기능과 어떤 관련을 갖는가? 기록물의 형식이 기록물의 기능을 따르는 예를 여러분 스스로 생각해 볼 수 있는가?

3. 왜 우리는 기록물을 보존할 필요가 있을까?

4. 여러분에게 익숙한 한 과정을 생각해 보자. 이 과정의 핵심 이해당사자들은 누구인가? 이 과정의 정보 조건은 어떠한가? 이 과정에서 생산될 수 있는 기록물은 어떤 것인가? 이 정보 조건을 충족시키기 위해 필요한 기록물은 어떤 종류의 것인가? 이 과정의 책임자들은 어디서 이 기록물을 이용하게 되어 있는가? 이 기록물 중, 다른 조직의 업무 과정의 일부로서 생산되거나 접수된 것은 어떤 것인가?

5. 여러분이 주관하지 않는 과정에 대해 최소한의 기록관리 조건을 구축하라는 요구를 받았다고 하자. 여러분이 해결해야 할 현안은 무엇인가? 여러분은 어떤 접근법을 취할 수 있는가?

6. 기록관리자와 아키비스트가 예컨대 회계부서보다 현용기록물을 관리하는 기록관리부서를 더욱 손쉽게 개선할 수 있는 이유는 무엇인가? 기록관리자와 아키비스트는 어떤 난관에 봉착할 수 있고, 어떻게 극복할 수 있는가?

연습 : 조언

연습 4

급료지급 과정은 두 가지의 기초적인 입력요소 유형을 요구한다. 하나는 시스템의 규칙들(예컨대, 서열구조, 호봉 등)이고, 다른 하나는 개인에 관한 정보이다. 이 정보는 여러 출처들(예컨대 다른 과정들의 이해당사자들)로부터 나올 수 있다. 이러한 입력요소들은 아래의 도표 1처럼 구분될 수 있다.

만일 여러분이 여러분의 조직 내에서 이러한 분석을 실제로 수행하고 있다면, 여러분은 이 도표에 포함된 것보다 더 많은 이해당사자들, 입력요소들, 출력요소들을 확인할 수 있을 것이다. 그리고 이해당사자들의 도식화는 아래 도표 2에 포함되어 있다.

연습 5

기록물은 다양한 형식으로 생산된다. 종이와 전자가 가장 일반적인 형식이다. 공공부문 기록물의 관리자는 조직 내의 프로그램 관리자를 위시한 여러 구성원들에게 이러한 생각을 주지시켜야만 한다. 그래야만 모든 구성원이 기록관리는 종이 파일의 관리만이 아니라 모든 기록수단으로 작성된 기록물의 관리를 포괄한다는 것을 이해할 수 있을 것이다.

연습 6

이 과목에서, 여러분은 각 업무 과정의 '책임자'란 각 과정을 수행에 참여하여 책임을 진 개인이라는 것을 배웠다. 만일 여러분이 기록관리부서의 관리자라면, 여러분은 이 부서에서 발생하는 모든 과정을 주관하는 셈이다. 이 기록관리부서가 제공하는 서비스를 실제로 이용하는 사람들은 그 과정의 책임자들이 아니라, 이해당사자들이다. 이와 마찬가지로, 기록관리부서의 관리자인 여러분은 국립기록보존소에서 수행되는 모든 과정들을 책임지는 것이 아니라, 그 과정들의 이해당사자인 것이다.

연습 7

여러분이 다루어야 할 현안들 중에는 다음과 같은 것들이 있다.

- 업무 과정들의 책임자들이 개편을 지지하지 않을 수 있다.

- 일선 직원들이 변화에 저항할 수 있다.
- 여러분이 기술면에서 재설계를 수행하기에 부족할 수 있다.
- 업무 과정들의 책임자들과 일선 직원은 그들이 수행하는 과정을 운용하고 통제함에 있어 정보의 중요성을 평가하지 못할 수 있다.

이러한 현안들을 다루기 위해 사용될 수 있는 몇 가지 전략은 제5과에서 다루어질 것이다.

공무원의 관리−급료지급과정

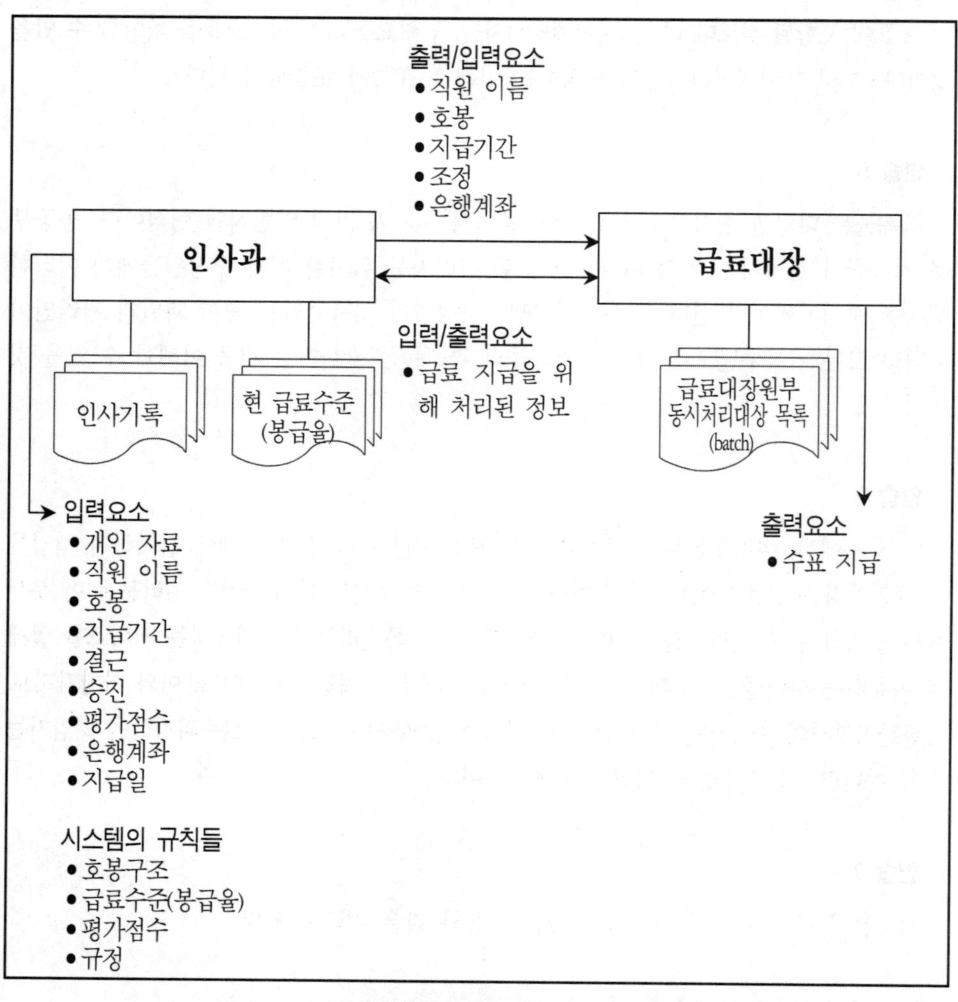

도표 1 : 공무원 관리−급료지급의 입력/출력요소

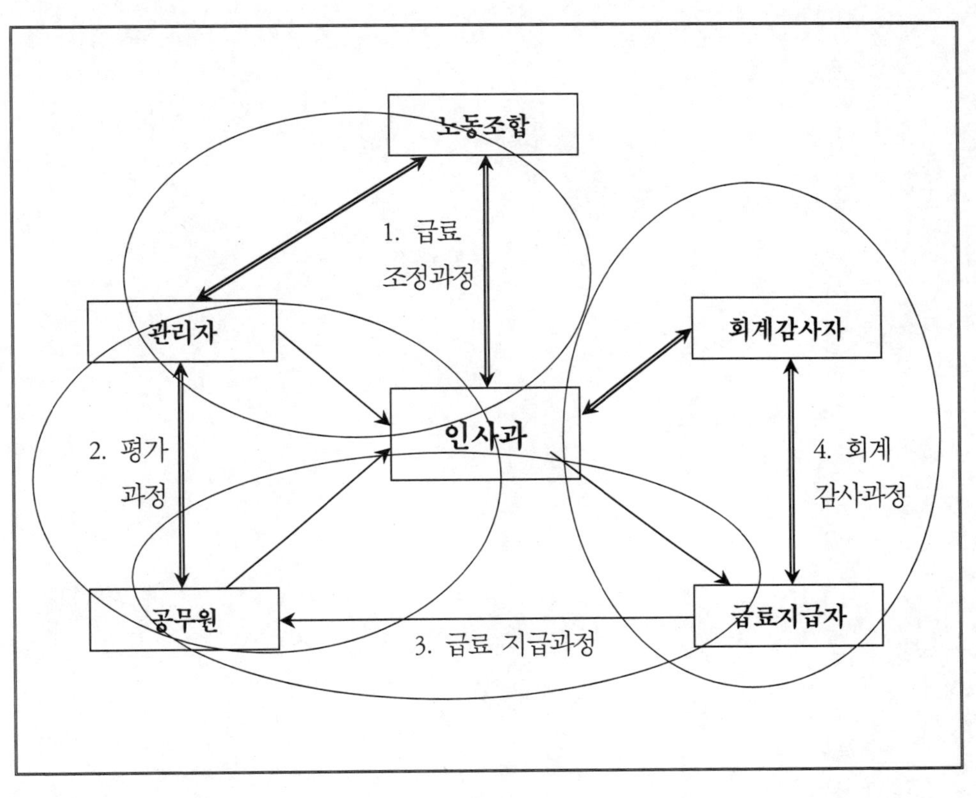

도표 2 : 이해당사자들 및 그 관계에 대한 분석

제3과

업무시스템 분석을 수행하기 위한 방법

제1과는 시스템 이론과 업무시스템 분석을 다루었고, 제2과는 업무시스템 분석이 기록물 정보의 관리와 어떻게 연결되는가를 논의하였다. 본 과의 목표는 기록관리자와 아키비스트에게 업무시스템 분석의 실무를 소개하는 것이다.

본 과를 마치고 나면, 여러분은 다음과 같은 것들에 대한 실무지식을 갖추어야 한다.

- 업무시스템 분석 프로젝트를 수행하면서 거치는 단계들
- 업무시스템 분석 프로젝트의 각 단계에서 수행되어야 할 활동 및 과제들
- 업무시스템 분석 프로젝트에서의 활동 및 과제들을 누가 수행해야 하는가?
- 업무시스템 분석 프로젝트의 참여자들에게 요구될 훈련의 유형
- 업무시스템 분석 프로젝트에서 고려되어야 할 요소들
- 업무시스템 분석 활동이 드러내게 될, 업무시스템 상의 전형적인 문제들
- 업무시스템 상의 전형적인 문제들을 해결하기 위한 전략

1. 프로젝트로서의 업무시스템 분석

업무시스템 분석은 조직의 변화를 위한 분석적 접근법이다. 하나의 도구로 사용될 때의 업무시스템 분석은, 조직의 특수한 프로젝트의 일환으로 수행되는 것이 보통이다. 그 프로젝트는 일련의 다양한 목적들을 달성하기 위해 계획될 수 있다. 업무과정 재설계, 자동화시스템 설계, 등록 절차 개편, 파일 분류시스템 개선 혹은 기록물 보존기간 개정 등 다양한 목적들이 설정될 수 있다.

프로젝트 : 형식이 엄밀하게 결정된, 단일 종목의 연구작업으로, 그 개시일, 범위와 목표, 성과물, 완성 및 성공의 기준, 종료일 등이 명료하게 정의된 것.

업무시스템 분석 프로젝트의 성공에 결정적인 것은, 공공부문 기록관리자가 변화를 관리하고 분석을 수행하며 프로젝트를 능률적으로 진행할 수 있는 능력과 의지를 얼마나 갖추고 있느냐는 점이다.

변화를 관리하는 것은 업무시스템 분석 프로젝트의 관리에서 중요한 기술이다. 이 기술에는 프로젝트와 관련된 모든 이해당사자들의 관점을 일일이 확인하고 고려하는 것, 저항요소들을 일일이 확인하고 최소화하는 것, 변화에 대한 사람들의 의지를 평가하고 고무하는 것, 변화 과정을 점검하고 평가하는 것 등이 포함된다.

프로젝트 관리에서 단지 프로젝트와 관련된 측면에는, 프로젝트 참여자들을 확보하고 예산을 배정하고 평가하는 것, 프로젝트를 추진하는 조직의 구조를 개선하는 것, 프로젝트의 범위를 결정하는 것, 프로젝트 활동들의 일정을 수립하는 것, 프로젝트를 평가하는 것 등이 포함된다.

프로젝트 관리의 요소들은 『기록관리의 전략계획』에서 매우 상세하게 논의되고 있기 때문에, 본 모듈에서는 업무시스템 분석 프로젝트의 개발 및 수행에 관련된 요소들로 논의를 한정하겠다. 특히 다음과 같은 단계들이 검토될 것이다.

1. 업무시스템 분석 프로젝트를 계획하기

2. 조직을 분석하기

3. 해결책을 설계하기

4. 업무시스템 분석의 설계를 이행하기

5. 결과를 평가하기

적절한 프로젝트 관리는, 규정된 절차를 철저히 지킨다고 해서 달성되는 것은 아님을 기억할 필요가 있다. 프로젝트를 관리하여 원하는 결과를 얻기 위해서는, 상황에 맞는 방법이며 도구며 기술을 탄력적이고도 역동적으로 적용하는 것이 필요하다.

> 본 모듈에 첨부된 참고문헌 목록과 『기록관리의 전략계획』
> (Strategic Planning for Records and Archives Services)에는, 프로젝트 관리에 관한 유용한 연구들이 포함되어 있다.

2. 업무시스템 분석 프로젝트 계획

업무시스템 분석 프로젝트에 착수하겠다는 결정은, 어떤 조직이나 어떤 프로그램에 결함이 있다는 인식과 함께 시작될 때가 많다. 결함에는 여러 가지 원인이 있을 수 있다. 예컨대 법규정의 개정이나 기술적 진보의 결과로 조직의 활동이나 시스템에 변화가 일어난 것이 원인일 수도 있고, 서비스에 대한 고객의 불만이 증가한 것이 원인일 수도 있다. 문제가 발생하기 전에 결함을 인식하여 조직시스템 분석 사업에 착수하는, 선견지명을 갖춘 조직도 없는 것은 아니지만, 결함이 인식되는 것은 해당 조직이 운용상의 문제를 느끼기 시작할 때 함께 시작되는 것이 보통이다. 결함이 어떤 성격의 것이든, 결함이 크든 작든, 그 원인이 무엇이든, 그 결함이 조직에 대해 야기하고 있는 (혹은 미래에 야기할) 문제는 반드시 명료하게 확인되어야만 한다.

현안을 확인하기

어떤 현안이나 문제점을 확인하는 일이 늘 쉬운 것은 아니다. 조직의 구성원이 다양한 만큼, 현안이 무엇인지에 관해서도 서로 다른 의견이 있을 수 있기 때문이다. 한 조직의 기록관리시스템이 가진 문제점을 가상적으로 고려해 보자. 정보를 빠르게 이용할 수 없다는 일반적인 현안을 예로 들어보자. 이 현안에 대해 조직 내의 다양한 구성원들은 얼마나 서로 다른 의견을 가질 수 있을까?

- 고위 관리자는 이 현안을 기록물 관리상의 문제로 파악할 수 있다. 즉 그에게는 '어떤 정보가 생산되고 있고 그 정보가 필요할 때 그것을 어디서 찾을 수 있는지를 아무도 모른다'는 것이 문제이다.
- 중간 지위의 프로그램 관리자는 이 현안이 사무실 내에서 발생하는 것으로 파악할 수 있다. 그에게는 '파일 보관장소에 정리되지 않은 파일과 복사 파일이 쌓여 있다'는 것이 문제이다.
- 조직의 기록관리전문가는 그 현안이 기록관리부서에 기인하는 것으로 확인할 수 있다. 이들에게는, '조직 내의 직원들이 기록관리부서의 빈약한 서비스로 인해 그 부서의 이용을 중단해왔다'는 것이 문제이다.

그 현안을 정확하고도 효과적으로 정의하기 위해서는, 이렇듯 상이한 관점들을 모두 고려해야만 한다.

그 현안을 편협하게 정의하지 않는 것은 대단히 중요한 일이다. 편협한 정의는 업무시스템의 수준을 잘못 선택하여 분석하는 결과를 낳을 수 있다. 예를 들어, 만일 그 현안을 정의함에 있어 기록관리전문가의 관점만이 참작된다면, 분석의 초점은 기록관리부서에만 맞추어지게 될 것이다. 그렇지만, 중간 지위의 프로그램 관리자의 관점과 고위 관리자의 관점은 그 현안을 보다 포괄적으로 정의하는 것이 바람직함을 암시한다. 아마도 분석의 초점은 기록관리부서의 운용을 넘어 확장되어야 할 것이다.

조직시스템의 잘못 선택된 수준에 초점을 맞추게 되면, 그 시스템 중 재설계된 요소는 그것의 편협하게 정의된 한계 내에서는 완벽하게 기능할 수도 있겠지만, 조직시스템의 전체적인 효율을 떨어뜨릴 수 있으며, 그리하여 또 다른 부가적 문제를 야기시킬 수 있다. 더욱이, 현안의 정의가 기록관리부서와 같은 오직 하나의 기능 영역에만 초점을 맞추면, 그 기능영역과 조직 내 다른 영역들 사이의 보다 중요한 관계는 무시되기 십상이다.

현안을 너무 편협하게 정의하는 것을 방지하기 위해서는, 조직에 대해 포괄적인 전망을 채택할 필요가 있다. 조직의 환경, 자원, 목적, 활동, 미래의 가능한 추세 등을 전반적으로 검토할 필요가 있다는 뜻이다. 이러한 검토작업에는, 조직 내 외부의 주요 관리자들 및 핵심 인사들과의 토의를 진행하는 것이 포함된다. 그렇게 함으로써, 포괄적인 전망에서 출발하되, 점차 구체적인 전망으로 옮겨가는 것이 중요하다. 이 단계에서는 너무 세부적인 사항에 몰두하지 않는 것이 좋다. 이 단계에서 중요한 것은, 현안에 대한 상세한 분석을 수행하는 일이 아니라, 검토될 현안을 정의하기 위해 노력하는 일이다. 현안에 대한 깊이 있는 분석은 다음 단계에서 수행되는 편이 적절하다.

이 단계에서는 문제의 원인을 분석하거나 그 해결책을 제안하려 해서도 안된다. 위에서 예시된 현안에 대한 진술 중 어떤 것도 원인을 논의하거나 해결책을 제안하지 않았던 것처럼 말이다. 예를 들어, 기록관리전문가는 '우리의 기록관리부서는 작업 과정들의 개편을 필요로 한다'는 식으로 말함으로써, 문제의 원인이나 해결에 대한 결론으로 비약하지 않았다. 물론, 기록관리부서에 문제가 있을 수 있다. 그리고 그 기록관리부서를 해산하여 기록물 유지를 분산시키는 것이 해결책일 수 있다. 그러나 이 단계에서는 가정 자체가 주의를 분산시킬 수 있을 뿐만 아니라, 혹시 잘못된 가정은 다른 구성원들이 중요한 가능성을 간과한 채 지나치도록 만들 수도 있다.

> ## [연습 8]
>
> 여러분의 조직 내에서 운용상의 문제점이나 현안을 확인해 보라. 예컨대, 특정 업무가 보다 신속하게, 혹은 보다 능률적으로 수행될 수 있는가? 정보의 규칙적인 손실이나 업무의 중복이 일어나는 작업 영역이 존재하나? 우선 여러분이 생각한 대로 현안을 기술하고, 그 현안을 여러 관점에서 다시 기술해 보라. 여러분의 상급자가 그 현안을 이해할 수 있을지를 스스로에게 자문해 보라. 고위 관리진은 그 현안을 어떻게 이해할까?
>
> 주의사항 : 여러분이 생각한 현안은 본 과가 끝날 때까지 여러분이 수행할 업무시스템 분석 프로젝트가 될 것이기 때문에, 너무 복잡하지도, 너무 단순하지도 않은 현안을 명료하게 확인하도록 하라. 여러분은 당분간 이 현안을 가지고 작업을 계속할 것이다. 여러분이 생각한 현안이 실재하는 것이든 가정된 것이든, 여러분이 가장 잘 이해할 수 있는 것이라야 한다.

업무시스템 분석 프로젝트를 위한 기대전망을 정의하기

일단 현안이 확인되면, 결과에 대한 기대전망을 정의하는 것이 가능해 진다. 즉 프로젝트의 여러 목표들 및 기대효과들을 확인할 수 있게 된다. 업무시스템 분석은 시스템을 분석하는 일이기 때문에, 그것의 기대전망은 여러분과 시스템의 핵심 이해당사자들이 그 시스템이 어떻게 작동하기를 원하느냐에 따라 결정된다는 점을 기억하기로 하자. 따라서 일관된 기대전망을 형성하기 위해서는, 시스템의 이해당사자들과 의견을 나누는 것이 꼭 필요하다.

위에서 예시된, 기록물 관련 현안에서는, 조직의 기대전망은 다음과 같은 것이 될 수 있다.

> 효과적인 레코드키핑시스템을 정립하여, 정확한 시간에, 정확히 당사자에게, 올바른 형식으로, 올바른 정보를 제공하는 것.

이 단계에서 프로젝트의 초점은 매우 광범위한 채로 남아 있어야 한다는 점을 기억하기로 하자. 초점이 너무 세부적인 쪽으로 기울어져서는 안 된다.

> ## [연습 9]
>
> 앞의 연습 8에서 확인한 현안의 견지에서, 그 기능이나 활동을 위해 효과적이고 능률적인 시스템에 대한 여러분의 기대전망을 정의하라.

프로젝트의 범위 정의

초점을 어디에 두느냐는 문제는, 업무시스템 분석의 범위, 즉 프로젝트의 경계선을 어떻게 정하느냐는 쟁점을 제기한다. 프로젝트의 범위를 정의하는 것은 매우 중요하다. 그 범위가 너무 광범위하게 정의되면, 업무시스템 분석 프로젝트는 다룰 수 없는 것이 되고, 너무 좁게 정의되면 비효과적인 것이 될 수 있다.

프로젝트의 범위를 정의하는 일은, 프로젝트의 광범위한 목표들 중 성공적으로 실현할 수 있는 것, 즉 기대전망을 달성할 수 있는 것에 대한 평가를 수반한다. 프로젝트의 적절한 범위를 결정하기 위해서는, 성공 가능성을 높이는 방향으로 광범위한 목표들을 줄여갈 필요가 있다.

어떤 프로젝트의 성공가능성을 보장하는 요인들 중에는 다음과 같은 것들이 포함된다.

- 프로젝트 담당자의 권위(이를테면, 담당자가 분석 중인 업무 기능들이나 과정들의 '책임자'인지 여부)
- 프로젝트 수행 조직의 역량(전문기술의 수준, 작업에 동원가능한 인력, 다른 기능이나 프로젝트에 미치는 영향 등)
- 자원 투입(노동비용, 재료비용, 장려금 등)
- 프로젝트의 기대효과(예컨대, 효과가 완전히 나타나서 지속되기 이전에 크던 적던 투입될 시간)

성공가능성을 극대화하기 위해서는, 프로젝트의 초점을 정보시스템이나 영구기록보존소와 같은 특정 부분이나 영역으로 좁히고, 시한(時限)도 정해둘 필요가 있다. 이와 같은 견지에서, 우리는 기록물 관련 프로젝트에 대한 우리의 기대전망을, 다음과 같은 특정 목표로 집중시켜 재기술할 수 있다.

> 정확한 시간에, 정확히 당사자에게, 올바른 형식으로, 올바른 정보를 제공하기에 효과적인 레코드키핑시스템을 정립하기 위한 전망을 가지고 기록관리부서의 기능들을 재검토하고, 3개월 이내에 보고서를 완성한다.

제2과에서 논의되었듯이, 기록관리자와 아키비스트는, 업무시스템 분석 프로젝트의 범위를 기록물 관리기능에만 한정할 때 발생할 수 있는 함정을 자각해야만 한다. 이상적 접근법은, 조직의 업무 과정들 전반을 개선하고 효과적으로 통제하기 위한, 보다 광범위한 재검토와 재설계의 맥락에서, 레코드키핑의 조건들을 정립하는 것이다.

그렇지만, 이처럼 이상적인 접근이 늘 가능한 것은 아니다. 업무 과정 개편에 대한 조직 전체의 관심이 결핍되어 있는 경우에는 특히 불가능하다. 이런 경우에는 기록관리자와 아키비스트의 결단이 필요하다. 조직 내의 업무과정 전반을 개편하는 데 관심이 결핍되어 있음에도 불구하고 한발 앞서 기록물 관리기능과 조건을 재설계하는 편이 좋은지, 아니면 관심이 성숙할 때까지 기다리는 편이 좋은지를 결정해야 한다.

광범위한 규모로 조직의 근본적인 변화를 실현하는 것이 불가능할 때에는, 대체로 핵심적인 한 두 개의 업무 과정에 대해서만 업무시스템 분석을 시도하는 것이 현명한 판단이다. 그러나 어떤 업무 과정에 초점을 두느냐는 것을 결정하기가 힘들 수 있다. 일반적으로 말해, 우선은 다음과 같은 업무과정에 초점을 맞추는 것이 최선이다.

- 분석되고 있는 문제에 가장 크게 기여할 수 있는 과정
- 조직 전반의 운용에서 가장 큰 영향을 미치거나 가장 중요한 개선을 이룩할 수 있는 과정
- 성공적으로 재설계되기에 적합한 과정

개편노력의 성공가능성 여부를 결정할 때 고려해야 할 또 다른 요소는 비용이다. 만일 업무과정을 개선하는 수단으로, 정보시스템처럼 이미 고비용이 투입된 수단만이 필요하다면, 여러분은 추가 재원을 크게 염두에 두지 않고 개편에 착수해야 할지 모른다. 그렇지만 이 경우에도, 비용은 덜 들지만 문제 해결을 위해 필수적인 다른 수단들을 간과하지 않으려면, 문제점을 철저하게 분석할 필요는 여전히 남아 있다.

업무과정이 방대하여 조직 내에 그것과 교차하는 경계선들이 복잡하고 많으면 많을수록, 그 업무과정의 재설계는 그만큼 어려워진다는 점을 유념하자. 그러나 그런 업무과정이야말로 재설계되면 조직 전체에 보다 큰 영향을 미칠 수 있는 것일 때가 많다. 분석작업이 진척됨에 따라 프로젝트의 범위는 재검토되고 변경될 수 있다는 점 역시 유념할 필요가 있다.

프로젝트의 기대전망, 범위와 목표를 결정하고 나면, 다음 단계는 프로젝트를 완성하기 위해 요구되는 활동과 과제를 확인하는 일이다. 방대한 업무시스템 분석 프로젝트의 경우에는, 실로 수천 가지의 활동과 과제가 수반될 수 있다.

우리가 수행하는 기록물 프로젝트에 대한 조직의 기대전망이, 이를테면

정확한 시간에, 정확히 당사자에게, 올바른 형식으로 올바른 정보를 제공하는 효과적인 레코드키핑시스템을 구축하는 것

이라고 치자.

그리고 그 목표는

정확한 시간에, 정확히 당사자에게, 올바른 형식으로, 올바른 정보를 제공하기에 효과
적인 레코드키핑시스템을 정립하기 위해, 기록관리부서의 기능들을 재검토하며, 3개월
이내에 보고서를 완성하는 것

이라고 치자.

재검토에 수반되는 과제들에는 다음과 같은 것들이 포함될 수 있다.

- 기록관리부서의 전 직원과 인터뷰하기(데이터 수집 단계의 일환)
- 형식 및 절차의 질과 효과를 평가하기(분석 단계의 일환)
- 조직의 전 구성원이 기록관리부서를 이용하는 방식을 결정하기(분석 단계의 일환) 등등.

프로젝트에 착수한 단계에서, 해결책이 실행될 때에는 어떤 과제들이 수반될 지에 대해
서도 미리 안다는 것은 논리적으로나 가능하지 실제로는 불가능하다. 그러나 어떤 과제가
수행되어야 할지를 미리 고려하는 것은 도움이 된다. 따라서 이 단계에서, 효과적인 레코드
키핑시스템을 정립함에 수반될만한 가능한 과제들도 미리 고려해 두는 편이 좋다. 다음과
같은 과제들이 수반될 수 있다.

- 요구된 대로, 형식 및 절차 바꾸기
- 기록관리부서의 목적과 기능을 조직의 전 구성원에게 재교육하기
- 새로운 절차들에 적응할 수 있도록 기록관리부서의 직원을 재훈련하기

실제 문제점이 정의되고 그 문제점을 해결하기 위한 전략들이 수립되기 전에는, 활동
및 과제들이 엄밀하게 결정될 수 없다는 점을 기억하기로 하자.

[연습 10]

여러분이 앞서 정의한 프로젝트 목표들에 기초하여, 여러분의 업무시스템 분석 프로
젝트의 범위를 정의해 보라. 여러분은 정확하게 무엇을 성취하려고 노력하게 될까? 이
에 수반될 수 있는 특정 과제 및 활동들에 관해서도 생각해 보고, 여러분이 생각할 수
있는 한 많은 과제들을 적어 보라.

프로젝트 추진단의 책임

프로젝트에서 '무엇'(목표)과 '어떻게'(방법)가 일단 결정되고 나면, 그 프로젝트 사업을 누가 수행할 것인지를 결정해야만 한다. 업무시스템 분석 사업을 한 사람이 단독으로 수행하는 것도 불가능하지는 않지만, 대체로는 그 시스템의 이해당사자들로 팀을 구성해서 수행하는 편이 훨씬 용이하다. 더욱이 프로젝트의 목적이 여러 업무 과정들을 재설계하는 것이라면, 조직의 변화에 대한 저항을 줄이기 위해서라도 입력요소와 참여 폭을 넓히는 것이 중요하다. 이 점에서, 잠정적인 조직구성은 프로젝트 계획수립의 중요한 일부이다.

업무시스템 분석 프로젝트를 위한 전형적인 조직구성은 다음과 같다.

- 프로젝트 책임자
- 업무시스템이나 업무과정의 책임자
- 업무시스템 분석팀
- 운영위원회
- 프로젝트 관리자

> *본 모듈은 프로젝트의 계획과 관련된 현안들을 단지 소개하고 있을 뿐이다. 프로젝트 관리에 대한 보다 상세한 정보는, 『기록관리의 전략계획』(Strategic Planning for Records and Archives Services)을 참조할 것.*

프로젝트 책임자(sponsor)는 프로젝트를 주도하는 사람이다. 이 역할은 행정책임자나 고위관리자, 혹은 분석 중인 시스템이나 과정 전반을 책임진 인물에 의해 수행될 수 있다. 프로젝트 책임자는 업무시스템 분석에 귀속된 영역에 대해 권한을 행사할 수 있어야 한다. 그래야만 그 영역에서 일하는 사람들이 업무시스템 분석에 종종 수반되는 조직의 거대한 변화를 수용하도록 이끌 수 있기 때문이다.

업무시스템이나 업무과정의 책임자는 분석 중인 시스템이나 과정을 전반적으로 책임진 사람을 말한다. 업무시스템 분석 프로젝트가 기록물 관리에만 초점을 맞추는 경우에는, 기록관리자와 아키비스트가 이러한 역할을 수행할 수도 있다.

업무시스템 분석팀은 업무시스템 분석 프로젝트의 제반 활동 및 과제들을 직접 수행할 책임이 있는 개인들로 구성된 집단이다. 이 팀은 5명에서 10명 사이의 인원으로 구성되는 것, 분석 중인 기능 영역이나 시스템에서 실무를 담당한 개인들로 구성되는 것, 곧 다가올 변화에 가장 크게 영향을 받을 개인들로 구성되는 것이 바람직하다. 하지만 그 변화에 영향을 받는 영역 외부에서도 팀원들이 충원되어야 한다. 이들은 진행중인 작업에 대해 외부의 객관적인 의견을 제시할 수 있기 때문이다.

만일 여러분이 여러분의 조직 내에서 업무시스템 분석이 진행된다는 것을 알고, 분석중인 기능들이나 과정들에 대해 여러분 자신이 이해당사자라고 생각한다면, 여러분은 분석팀의 일원이 되기 위해 최선을 다해야 한다. 불행한 사실이지만, 업무시스템 분석 프로젝트들이 레코드키핑의 요건들을 참작하지 않을 때가 많기 때문이다. 그 결과, 프로젝트 책임자를 위시한 관계자들은 기록관리자와 아키비스트가 가치 있고 필수적인 전문 지식을 갖춘 이해당사자라는 것을 간과하곤 한다. 따라서 공공부문 기록물의 관리자는 각별한 경계심을 가지고, 자신이 속한 조직 내에서 업무시스템 분석 프로젝트가 수행되고 있는지를 살펴야 하며, 자신이 그 프로젝트에서 무엇이든 기여할 수 있다는 자신감의 수준을 높이기 위해 최선을 다해야 한다.

> 프로젝트팀 구성에 대한 보다 깊이 있는 논의는, 『기록관리의 전략계획』(Strategic Planning for Records and Archives Services) 을 참조할 것.

운영위원회는 설치여부를 선택할 수 있는 집단이다. 이 위원회는 프로젝트에 대한 자원의 투입을 승인하고, 프로젝트의 전반적인 방향을 감독하며, 프로젝트의 진척을 감시한다. 운영위원회의 장은 프로젝트 책임자가 담당하는 것이 보통이다. 운영위원회에 대한 보고 책임은, 업무시스템이나 업무과정의 책임자와 프로젝트 관리자가 함께 담당하는 것이 보통이다. 위원회의 구성원은 5명을 넘지 않는 것이 바람직하다.

프로젝트 관리자는, 업무시스템 분석 팀의 활동을 매일 관리하고 그 활동의 조화를 이끌어낼 책임이 있고, 팀원들에게 기초 도구 및 기술을 교육할 책임이 있는 사람이다. 프로젝트 관리의 적임자는 다음과 같은 소양을 갖추어야 한다.

- 업무시스템 분석에 필요한 방법, 기술, 도구 등에 대한 지식
- 변화 관리에 필요한 기술과 능력
- 프로젝트 관리에 필요한 기술과 능력
- 효과적인 의사소통에 필요한 기술과 능력

그리고 프로젝트 관리자의 임무에는 다음과 같은 것들이 포함된다.

- 업무시스템 분석 팀원의 선발시, 업무시스템이나 업무과정의 책임자를 돕는 일
- 업무시스템 분석 팀원들에게 필요한 훈련을 제공하는 일
- 프로젝트를 일정표에 따라 유지하는 일
- 프로젝트 재원을 관리하는 일
- 프로젝트 관리 소프트웨어와 작업공정 소프트웨어 같은 프로젝트 관리 도구들을 사용하는 일
- 프로젝트의 진척 단계마다 승인을 얻어내는 일
- 프로젝트 수행에 관련된 문제점을 확인하고, 교정조치가 취해지도록 하는 일
- 업무시스템 분석 팀원들과, 프로젝트에 참여하거나 크게 영향을 받는 여러 개인들 사이에서 효과적인 의사소통을 유지하는 일
- 프로젝트의 완성을 책임지는 일

프로젝트 관리자의 역할은, 필요한 기술과 능력을 갖춘 자를 조직 내부에서 충당하여 수행될 수도 있지만, 외부 컨설턴트에 의해 수행될 수도 있다. 두 방식 모두 일장일단이 있다. 외부 컨설턴트는 조직에 대한 지식이 없고, 따라서 '내부인'이라면 갖추고 있고 더 많이 신경을 쓸 그 조직의 집단 문화에 대한 이해가 결핍되어 있다. 어떤 경우에는 내부의 프로젝트 관리자가 다른 피고용자들 사이에서 더 쉽게 받아들여질 수 있다. 서로 잘 알고 있어서, '외부인'으로 생각되지 않기 때문이다. 어떤 경우에는 정 반대일 수도 있다. 외부 컨설턴트는 보다 객관적인 존재, 혹은 전문성을 보다 크게 갖춘 존재로 인식되기 때문이다. 어쨌든, 조직의 피고용자를 선택하느냐 아니면 외부 컨설턴트를 선택하느냐는 문제는, 재정적인 것이든 인적인 것이든 자원의 이용가능성을 고려하여 결정하는 것이 좋다.

지금까지 제시된 것은 업무시스템 분석 프로젝트를 위한 조직구성의 모델이다. 그렇지만 이처럼 형식적이고 복잡한 구성은 필요하지도, 가능하지도 못한 것일 수 있다. 프로젝트의 범위가 단 하나의 업무과정을 분석하는 데 한정되는 경우를 예로 들어보자. 이 경우 분석되고 있는 업무시스템이나 과정의 책임자가 프로젝트 책임자를 겸할 수 있으며, 운영위원회와 분석 팀을 한 팀으로 묶어 임무를 겸하게 할 수도 있다. 어떤 조직은, 공공부문 기록물 관리자를 제외하고는 업무시스템 분석에 관해 전문지식을 갖춘 피고용자가 없고, 외부 컨설턴트를 고용할 준비나 재정적 여유가 없을 수 있다. 이런 경우에는 기록관리자가 프로젝트 관리자로 봉사할 수도 있다. 프로젝트를 위한 조직구성에서 반드시 기억해야 할 요점은, 프로젝트의 범위와 목표, 이용할 수 있는 재정적·인적 자원, 조직의 사회문화적 맥락 등에 어울리게 조직구성이 이루어져야 한다는 것이다.

[연습 11]

여러분의 업무시스템 분석 프로젝트에 어울리는 프로젝트 조직구성은 어떤 종류의 것인지를 생각해 보자. 만일 그 구성이 형식적이고 복잡하다면, 그것을 덜 형식적이고 비교적 간단하게 만들 수 있는가? 프로젝트에서의 다양한 책임들을 낱낱이 명시한 도표나 목록을 작성하고, 누가 무엇을 수행해야 하는지를 확인하라 (특정한 인물들이 아니라 지위를 확인하는 것이 좋다).

업무시스템 분석을 위한 교육훈련

일단 프로젝트 조직구성을 결정하고 나면, 프로젝트의 참여자들이 각자에게 할당된 임무를 수행하는 데 필요한 지식과 기술을 갖추고 있는지를 고려하는 것이 중요하다. 예컨대, 분석 팀에 선발된 사람들은 업무시스템 분석이 무엇인지를 전반적으로 이해하고 있는가? 그렇지 못하다면, 약간의 교육훈련이 실시되어야 할 것이다.

업무시스템 분석 프로젝트의 참여자들에게는 대략 다음과 같은 두 유형의 교육훈련이 요구되는 것이 보통이다.

1. 업무시스템 분석에 대한 일반적 지식을 전하고, 프로젝트에 수반되는 다양한 단계 및 활동에 대한 개관을 제공하는 교육훈련
2. 프로젝트의 활동 및 과제를 성취하기 위해 사용되는 특수한 도구와 기술에 대한 교육훈련

업무시스템 분석을 위한 일반적인 교육훈련은, 프로젝트를 시작할 때 제공되는 것이 가장 바람직하다. 참여자들이 프로젝트의 전반적 성격과 운용방향을 이해하는 데 도움을 줄 수 있기 때문이다. 이 정보는 이해당사자들, 즉 그 프로젝트가 가져오기로 약속한 변화에 관심이 있거나 영향을 받는 사람들에게도 똑같이 전달되어야 한다. 이해당사자들과의 원활한 의사소통은, 변화에 대한 저항을 줄이는 일뿐만 아니라 프로젝트에 대한 지원과 수용을 넓히는 데에도 도움을 줄 수 있다.

업무시스템 분석의 본질에 대한 교육훈련기간 동안에 다루어져야 할 주제는 다음과 같다.

- 업무시스템 분석이란 무엇인가?
- 업무시스템 분석이 대처하고자 하는 조직의 문제점(이 대목에서는 업무시스템 분석을, 분석대상이 되는 집단의 일상 업무경험과 구체적으로 연결시킬 필요가 있다)

- 업무시스템 분석의 범위와 목표(여기서도, 교육훈련의 참여자들이 그 프로젝트가 자신들의 업무에 어떻게 영향을 미칠 것인지를 이해하도록 하기 위해서는 구체적일 필요가 있다)
- 프로젝트에 수반되는 다양한 단계 및 활동
- 프로젝트의 수행기간
- 교육훈련 참여자들이 프로젝트에서 수행하게 될 역할(앞서 개관된 조직구성에 직접 관련이 없는 개인들조차도 업무시스템 분석 프로젝트를 지원함에 있어 각자의 역할을 이해할 필요가 있다)

[연습 12]

여러분이 자신의 업무시스템 분석 프로젝트를 위해 선택한 사람들, 그리고 그들에게 여러분이 부여하게 된 책임에 관해 생각해 보라. 그들이 각자의 책임을 효과적으로 수행하려면 어떤 종류의 교육훈련이 필요하다고 생각하는가?

프로젝트 일정수립

일단 프로젝트 계획자가 프로젝트의 범위와 목표, 활동, 참여자, 교육훈련 등을 고려한 뒤에는, 프로젝트를 위한 전반적인 일정을 수립하는 것이 가능해진다. 프로젝트에 대한 계획을 수립하는 이 단계에서는, 각 활동이 얼마나 오래 걸리며, 누가 그 활동을 수행할 것인지, 활동들은 어떻게 연속되는지 등을 검토할 필요가 있다. 프로젝트 일정을 계획할 때 고려되어야 할 요소들은 다음과 같다.

- 문제 해결의 필요성이 얼마나 긴급한 것인가?
- 조직은 기술적, 인적, 재정적으로 얼마나 역량을 갖추고 있는가?
- 어느 정도의 변화가 가장 바람직한 것인가?
- 프로젝트의 완수를 위해서는 단계별 접근이 바람직한가?

프로젝트 수행을 위한 참조항목 개발

프로젝트 수행계획을 완성한 뒤에, 프로젝트 관리자는 참조항목을 준비할 책임이 있다. 참조항목은 프로젝트에 대해 지도와도 같은 것이다. 참여자들은 참조항목의 안내를 받아, 최종목적지를 향할 수 있으며, 각자가 거쳐온 과정을 되돌아 볼 수 있다. 참조항목에 포함될 것들은 다음과 같다.

- 해결되어야 할 문제점(프로젝트의 대의)
- 목표와 기대효과
- 범위
- 수행되어야 할 활동
- 활동들을 수행하기 위한 방법
- 일정표
- 참여자들
- 필요자원
- 중요한 성공 요소들

참조항목의 준비가 끝나면, 이제 실제로 업무시스템 분석 프로젝트를 개시할 시점이다.

[연습 8]

여러분 자신의 업무시스템 분석 프로젝트에 관해 생각하면서, 다음의 정보를 적어 보라.

- 무엇이 문제인가?
- 여러분이 업무시스템 분석 프로젝트의 일부로 수행할 활동은 무엇인가?
- 프로젝트 일정의 골격은 어떠한가?
- 프로젝트에 누가 참여할 것인가?
- 어떤 자원이 요구되는가?
- 프로젝트가 성공을 거두었음을 여러분이 어떻게 알 수 있는가?

3. 조직 분석

다음 단계는 조직을 분석하는 것이다. 여기에는 다음과 같은 것들이 포함된다.

- 데이터를 수집하기
- 데이터를 분석하기
- 분석결과에 기초해서 조직의 일부를 재설계하기

데이터 수집

　어떤 조직에 대해 업무시스템 분석을 수행하기 위해서는, 분석을 담당한 사람이나 팀은 시스템 사고의 개념에 대해서는 물론, 그 조직의 운영 실태에 대해서도 이해해야 한다. 그 조직에 대한 지식이 부족하다면, 업무시스템 분석팀은 데이터를 수집해야 한다.

　인터뷰는 데이터 수집의 가장 중요한 부분으로, 조직의 모든 수준에서 주요 관리자들에 대해 이루어져야 한다. 실무 직원들로부터 상세한 정보를 얻기 전에, 고위 관리자들로부터 '큰 그림'을 그리면서 시작하는 것이 바람직하다. 인터뷰하면서 각 대상자에게 하는 일이 무엇인가, 어떤 기능과 활동에 책임이 있는가 등을 묻는다. 기록물에 관한 질문은 기록물 조사를 수행하는 단계에서 묻는 것이 좋다.

　기록물 조사는 현재 어떤 기록물이 존재하는가, 인터뷰에서 확인된 업무과정과 기록물이 얼마나 일치하는가 등에 관해서도 유용한 정보를 제공할 수 있다.

> *기록물 조사에 대한 보다 상세한 논의는,『기록물 평가시스템』(Building Records Appraisal Systems) 와『현용기록관리체제의 재구성 : 업무편람』(Restructuring Current Records Systems: A Procedures Manual) 을 참조할 것.*

　정보를 얻기 위해 참조될 수 있는 문서들은 다음과 같다.

- 조직표
- 사업계획서
- 조직의 역사
- 연례보고서
- 보도 자료(press releases)
- 법규
- 규정류(standing orders)와 실무지침(operating directives)
- 업무 분장 및 이에 대한 기술
- 정책과 절차를 다룬 매뉴얼들
- 시스템의 설계 및 구축에 관한 문서

[연습 14]

여러분 자신의 업무시스템 분석 프로젝트를 위해서, 여러분이 정보를 수집하기 위해 참조할 수 있는 대상들의 목록을 만들어 보라. 정보수집 대상에는, 인쇄물이나 문서, 사람, 출판물 등, 여러분에게 필요한 정보를 제공하는 모든 것이 포함된다는 것을 유념하라.

데이터를 수집할 때에는, 다음과 같은 물음에 대한 답을 구한다는 기분으로 노력해야 한다.

- 해당 조직의 정관과 일반적 목적은 무엇인가?
- 해당 조직 내에는 어떤 분장 기능들(혹은 '하위시스템들')이 존재하는가?
- 어떤 부서들에게 이런 기능들을 수행할 책임이 있는가?
- 해당 조직은 다른 조직들과 어떤 관계를 맺고 있는가?
- 어떤 기록물이 관리되고 있으며 그 기록물은 그 기능들에 얼마나 부합되는가?

우리의 업무시스템 분석 프로젝트는 특정 부서의 기능이 수행되는 방식, 그리고 그 기능의 결과인 기록물이 생산되고 보존되고 이용되는 방식을 검토하고 경우에 따라서는 재구축하기 위한 것이라고 가정해 보자. 앞서 우리는 다음과 같이 목표를 정하였다.

> 정확한 시간에, 정확히 당사자에게, 올바른 형식으로, 올바른 정보를 제공하기에 효과적인 기록관리시스템을 정립하기 위해, 기록관리부서의 기능들을 재검토하는 것으로, 3개월 이내에 보고서를 완성한다.

이 목표에 기초할 때, 이를테면 우리의 프로젝트는 기록관리시스템을 재구축하기 위한 것으로 압축될 수 있다.

조직 환경 분석

업무시스템 분석은, 특정한 기능이나 활동이 발생하는 환경에 대한 평가를 포함해야 한다. 이 환경은 보통 '업무 환경'이라 불린다. 업무시스템 분석 프로젝트가 특정한 하나의 과정으로 제한된 경우에 조차도, 업무 환경은 적어도 두 수준에서 이해될 필요가 있다. 하나는 조직 전체의 수준에서 이해하는 것이고, 다른 하나는 분석 중인 시스템의 수준에서 이해하는 것이다. 프로젝트의 범위가 해당 조직의 기록관리부서로 한정된 경우를 예로 들어 보자. 이 경우에, 업무시스템 분석은 기록관리부서의 특수한 환경만이 아니라, 그 부서를 포함한 조직 전체의 보다 광범위한 환경도 고려해야만 한다.

　업무 환경을 이해하고 나면, 다음 단계는 조직 자체를 이해하고 분석하는 것이다. 우리는 지금 조직을 하나의 '시스템'으로 검토하고 있음을 상기하자. 그렇기 때문에 우리는 조직의 작동에 영향을 미치는 모든 요소들을 검토할 필요가 있다. 기록관리부서를 예로 들자면, 그 부서의 모든 기능들이 주의 깊게 검토되어야 한다는 말이다. 조직을 하나의 시스템으로 분석하는 작업은 5단계를 거치는 것이 보통이다. 이 5단계를 개관해 보기로 하자.

[연습 15]

　여러분 자신의 업무시스템 분석 프로젝트를 위해, 업무 환경을 확인하고 기술해 보라. 모두 몇 가지 수준에서 업무 환경에 접근할 수 있는가? 예컨대, 여러분의 부서는 보다 큰 부서의 일부인가? 여러분의 부서 안에는 종속적인 하위 단위들이 존재하는가? 이 하위 단위들은 서로 어떻게 연결되어 있는가? 그렇다면, 여러분의 부서가 기능하는 업무 환경은 결국 무엇인가?

*　　　　분석과 계획을 위해 이용될 수 있는 몇 가지 기술과 도구는 제4과에서 보다 상세하게 논의될 것이다.*

1단계 : 조직의 사명과 기능의 연구 및 분석

　첫 단계는 조직의 사명과 기능들에 대한 정보를 수집하는 일이다. 여러분의 업무시스템 분석 프로젝트가 현재의 기능이나 과정의 재설계를 겨냥한다면, 여러분의 분석은 해당 조직이 현재 수행하고 있는 사명 및 기능에 초점을 맞추어야 한다. 그렇지만 여러분의 프로젝트가 과거에 생산된 기록물의 보존일정 수립을 목표로 삼는다면, 해당 조직이 구조, 사명, 기능, 과정 등에서 오랫동안 겪어온 변화들에 관한 정보를 수집하고 분석할 필요가 있다. 이 기능들의 변화는 해당 조직의 기록물 및 레코드키핑 관행에 영향을 미칠 것이기 때문이다. 이러한 역사적 분석은 내부적 요소와 외부적 요소를 모두 설명해야 한다. 이 분석을 도표 3처럼 하나의 도표로 그릴 수 있다. 이 도표는 해당 조직이 일정 기간 동안 수행한 기능 및 과정, 그리고 이 기능 및 과정에 책임이 있는 조직단위를 적시한 것이다.

이 도표는 1965-1975년 동안의 국립기록청(National Archives Administration)을 스케치한 것이다. 평가, 보존, 정리, 기술, 참조 같은 국립기록청의 사명으로부터 여러 기능이 나온다. 화살표를 따라가보면, 각 기능을 담당한 조직 단위나 구조를 알 수 있다. 예컨대 '역사매뉴스크립트과'(Historical Manuscripts Division)와 '정부 영구기록물과'(Government Archives Division) 등 두 부서가 모두 평가 기능을 담당하였음을 알 수 있다. 평가 기능을 더 깊이 분석해보면, 그 기능의 주요 과정들 중 하나가 기록물처리일정표의 제정이었음을 알 수 있다. 이런 유형의 완성된 도표에서는, 그 모든 과정들이 일목요연하게 제시된다. 우리의 업무시스템 분석 프로젝트의 목표가 처리일정의 결과로 남겨진 기록물에 대한 보존 일정을 개발하는 것이라면, 도표 3 같은 도표는 우리가 어느 조직 단위에서 처리일정 수립과정을 입증하는 기록물을 발견할 수 있는지를 확인하는 데 도움을 준다.

만일 우리가 기록관리부서의 운용을 재설계하기 위한 것으로 가정한 업무시스템 분석 프로젝트를 위해 그 같은 도표를 준비한다면, 우리의 분석은 그 부서의 현재 사명 및 기능에 초점을 맞출 것이며, 이에 필요한 다른 부서나 기구에 대한 정보를 포괄할 것이다.

[연습 16]

여러분 자신의 업무시스템 분석 프로젝트에 관해 생각해 보자. 주요 기능은 무엇인가? 각 기능을 책임진 조직 단위들은 무엇인가? 이 기능들을 수행하기 위해서는 어떤 과정들이 진행되는가? 여러분도 도표 3과 같은 도표를 그려서 설명할 수 있겠는가?

2 단계 : 해당 조직의 업무과정 분석

기록물 및 정보의 견지에서, 업무 과정들의 입력요소, 출력요소, 변형 활동, 과제, 통제 메커니즘 등을 확인할 필요가 있다. 해당 조직의 기록물은 공적인 것이든 사적인 것이든, 그 조직의 사명, 기능, 과정, 활동, 과제 등에 따라 생산되며, 그렇기 때문에 그 모두를 반영한다는 사실을 기억하기로 하자.

제4과에서 논의될 업무과정 지도(地圖)는 업무 과정들의 변형, 통제, 정보 등 여러 측면에 대한 우리의 이해를 높이는 데 이용될 수 있다. 기록물 조사 역시 어떤 유형의 기록물들이 생산되고 있는지에 관해 가치 있는 정보를 제공할 수 있다. 이러한 정보를 잘 분석해 보면, 기록물과 업무 과정과의 관계를 결정할 수 있다.

우리의 프로젝트에서는 기록관리부서가 기능하는 방식이 검토되어야 할 것이다. 즉 기록물을 접수, 처리, 이용, 저장되도록 하는 전 과정, 그리고 이 과정의 입력요소, 출력요소,

변형활동이 모두 검토되어야 할 것이다.

[연습 17]

여러분 자신의 업무시스템 분석과 관련된 기능들에 관해 생각해 보자. 이 기능들로부터 어떤 과정들이 나오는가? 특정한 과정을 선택하고, 기록물의 견지에서, 그 과정의 입력요소, 출력요소, 변형활동, 과제, 통제 메커니즘 등을 생각해 보라. 여러분이 연습 16에서 준비한 도표에 이 모든 요소들을 첨가해 보라.

3 단계 : 기록물 생산의 기술적 과정 분석

긴 시간 동안, 기술적 변화들로 인해 기록물 생산이 어떤 영향을 받아왔는지를 결정할 필요가 있다. 우리의 실례인 기록관리부서의 경우에는, 타자기나 컴퓨터는 물론, 복사 및 마이크로필름 복제 같은 그 밖의 기술들이 기록물이 생산되고 관리되는 방식에 어떤 영향을 미쳐왔는지 분석할 필요가 있다. 이러한 작업은, 업무시스템 분석 프로젝트가 과거에 생산된 기록물에 대한 보관 일정의 수립을 목표로 할 특히 중요하다. 이런 목표를 달성하기 위해서는, 해당 조직의 활동들의 역사에 대한 연구가 필요하기 때문이다.

4 단계 : 동일 기능으로부터 생산된 기록물 시리즈 분석

기록물을 어떤 기능과 연관시킬 때, 가장 기본이 되는 수단은 기록물 시리즈이다. 시리즈는 기능에 토대를 두기 때문이다. 이 말이 옳다면, 분류와 평가 등 기록물 관리의 다른 절차들도 모두 시리즈에 토대를 두고 수행될 수 있다. 시리즈에 대한 정의를 상기해 보자.

> *시리즈* : 어떤 조직이나 개인이 보유한 파일 및 여타 기록물에 대한 정리의 한 수준을 말한다. 이 수준에서는 동일 기능이나 동일 활동에 관련된 기록물, 혹은 그것들의 생산, 접수, 이용에서 발생한 공통의 형식이나 여타 관계를 가진 기록물을 함께 묶는다. 이것은 파일 시리즈 혹은 기록물 시리즈로 불리기도 한다.

만일 여러분 자신의 업무시스템 분석 프로젝트가 (우리의 실례에서와 같이) 현행 기능 및 과정들을 재설계할 것을 목표로 삼는다면, 여러분은 현행 기능 및 과정들로부터 형성된 기록물 시리즈에 대한 분석에 초점을 맞출 수 있다.

업무시스템 분석의 목표가 과거에 생산된 기록물 시리즈에 대해 보관 일정을 수립하는 것이라면, 여러분은 제반 기능의 변천을, 이 기능과 관련된 기록물 시리즈들과 함께 분석할 필요가 있다. 이러한 분석은 어떤 조직 단위가 오랫동안 무슨 기능을 수행했는가라는 문제와는 상관 없이 수행되어야 한다.

이러한 분석에서도 도표를 그리면 도움이 될 것이다. 기록관리부서를 예로 들면, 우리는 기록물을 접수하고 등록하는 과정에서 생산된 기록물들을 검토할 필요가 있다. 그래야만 그 부서의 기능과 그 기능에 의해 생산된 기록물을 함께 이해할 수 있기 때문이다. 이를 위해서는 더 많은 연구가 필요하다.

[연습 18]

앞에서 개관된 연구 및 분석을 수행하기 위해 여러분이 사용할 수 있는 자료들의 목록을 작성해 보라.

5 단계 : 해당 조직의 기록물과 타 조직에서 생산된 관련 기록물 사이의 관계 분석

이 관계를 연구하고 분석하여, 서로 다른 조직들이 생산한 시리즈들 사이의 관계를 보여주는 도표나 표를 작성하는 것이 좋다. 기록관리부서와 조직의 다른 부서에서 생산, 유지, 이용된 기록물 시리즈 사이에 어떤 관계가 있다면, 이를 반드시 확인해야 한다.

요약해 보자. 어떤 조직을 분석하면서 우리가 이해하고자 하는 것은, 그 조직이 무엇을 행하는가, 누가 그것을 행하는가, 그 조직은 다른 기구나 부서와 어떤 관계가 있는가, 그 조직은 어떤 기록물을 생산하는가, 그 조직은 기능 및 기록물을 어떻게 관리하는가 등이다.

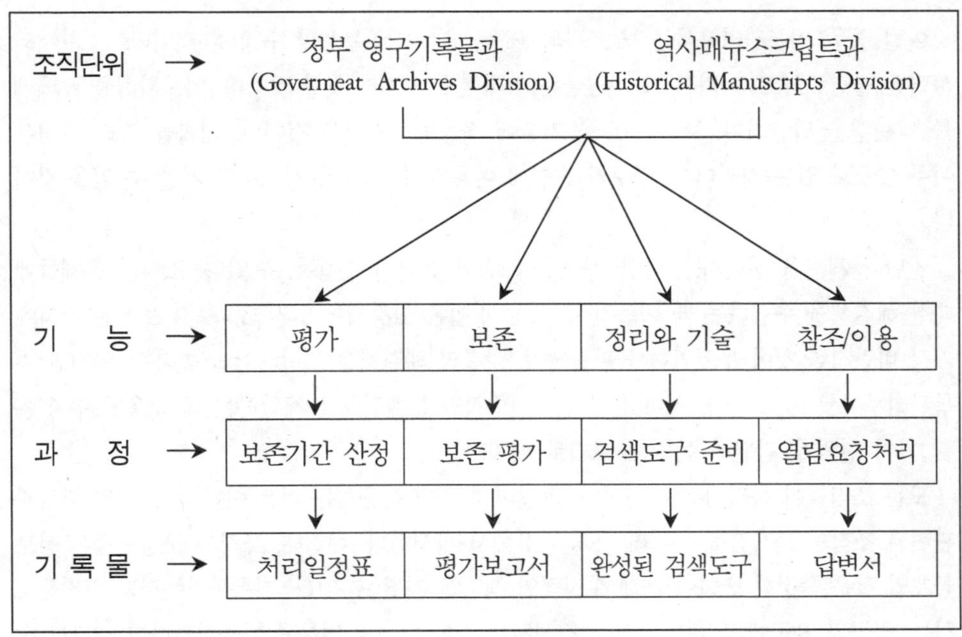

도표 3 : 조직 차트

개선이 필요한 영역 확인

일단 연구와 분석이 수행되고 나면, 조사된 문제점의 근저에 놓여 있는 조직의 현안들을 확인할 수 있게 된다. 기록관리부서를 예로 들면, 우리는 지금까지 수집된 데이터들을 검토하여 무엇은 제대로 기능하고 무엇은 그렇지 못한지, 개선을 위해서는 무엇이 필요한지 등을 결정할 수 있다.

업무시스템 분석이 드러내는 조직의 문제점들 중에서 전형적인 것들로는 다음과 같은 것이 있다.

- 조직의 사명, 기능, 구조 등이 조직의 환경과 부합하지 않는다.
- 조직의 사명이 명료하게 정의되지 못했다.
- 조직의 기능 및 구조가 조직의 사명을 뒷받침하지 않는다.
- 업무 과정들이 조직의 기능들을 뒷받침하지 않는다.
- 업무 과정들이 잘못 설계되어 최적으로 처리되지 못한다.
- 기록관리 요건들이 업무 과정들을 뒷받침하지 않는다.

이럴 경우, 기록관리부서는 모 조직의 요구에 더 이상 부응할 수 없을 것이다. 그 부서의 사명은 불명료하고, 따라서 그 기능들은 기대치에 미치지 못할 것이다. 업무과정들은 케케묵은 관행을 답습하여, 보다 새로운 기술에 적응할 수 없을 것이다. 기록물 관리 과정은 아무 쓸모도 없는 것이어서, 정보가 손쉽게 이용될 수 있도록 정보를 유지할 수 없을 것이다.

일단 문제점을 진단하고 나면, 문제를 해결할 전략이 수립될 수 있다. 조직의 문제들에 대한 해결책을 수립하는 데 이용될 수 있는 방법은 고정되어 있지 않다. 각 조직은 각자에 가장 바람직한 것이 무엇인지를 판단하여, 나름의 해결책을 결정해야만 한다. 그렇지만 기록관리부서를 예로 들어, 위에서 지적한 전형적인 문제점들을 해결하는 데 적용될 수 있는 몇 가지 전략을 간단히 논의해 보기로 하자.

모든 조직들이 똑같이 성장하거나, 똑같이 환경에 적응하는 것은 아니다. 조직의 환경과 관련된 조직의 문제점들은 여러 가지 이유에서 발생한다. 예컨대, 조직의 구성원들은 정보공개법 같은 특정한 변화에 대해 부정적인 생각을 가질 수 있다. 기록관리부서의 직원들로서는, 공공의 요구에 맞추어 정보를 검색하는 것이 그들의 업무를 가중시킨다고 생각할 수 있기 때문이다. 이러한 문제를 해결하기 위해서는, 기록관리부서의 직원들이 가지고 있는 생각을 바꾸어서, 그들이 그 새로운 입법이 만들어 준 기회를 파악할 수 있도록 하는 것이 좋다. 그 새로운 입법은 그들이 수행하는 업무가 더 많은 지원과 인정을 받을 수 있는 기회라는 식으로 말이다. 생각을 바꾸는 것은 쉽지 않은 일이지만, 교육 프로그램이나 각성 프로그램을 통해 실현될 수 있다.

그런가 하면, 조직의 구성원들이 불안정한 사태에 직면하여 우왕좌왕하는 경우도 있을 수 있다. 기록관리부서의 직원들을 예로 들자면, 그들은 자신들의 부서를 이용하는 사람들의 요구를 적절히 관리하지 못하기 때문에, 좌절할 수도 있고, 그들에게 주어진 업무량을 적절한 속도로 처리하지 못할 수도 있다. 이러한 환경적 문제에 대한 해결책은, 환경에 대한 통제형식을 개발하여 환경을 보다 예측 가능하게 만드는 일이다. 예컨대 기록관리부서의 직원들은 이용자들과의 면담을 통해 정보수요를 파악하여, 언제, 그리고 얼마나 자주 이용자들이 정보를 요구하는지를 파악할 수 있을 것이다. 직원들은 이런 식으로, 정보수요의 절정기가 언제인지를 이해할 수 있으며, 그 기간에 대한 계획을 수립함으로써 업무환경에 대한 통제력을 얻을 수 있다. 예컨대, 그 기간 동안만 잠정적으로 보조 인력을 고용할 수도 있겠다.

조직의 구조나 기능은 환경에 적절히 적응하지 못할 때가 많다. 기록관리부서를 예로 들면, 그 부서의 구조가 너무 전문화되어 있는 탓에(각 직원이 단지 하나의 업무에만 책임을 가질 때처럼) 고도의 서비스를 제공하지 못하는 경우도 있다. 이런 경우에 해결책은 업무처리 과정을 개편하여 직원들 각각에게, 혹은 직원들을 그룹별로 나누어, 업무처리과정을 처음부터 끝까지 전체적으로 책임지도록 하는 것이다.

조직의 사명이 명료하지 못할 때 많은 문제가 발생한다. 잘 알려진 속담이 있다. '네가 어디로 갈지 모르면, 아무 길이나 너를 이끌게 될 것이다.' 조직을 이끄는 리더들이 사명의 진술 속에 조직의 목적을 명료하게 정의하지 못했을 때, 그들은 많은 길을 방황하게 될 것이며 결국 아무 곳에도 도달하지 못할 것이다. 뿐만 아니라, 조직의 목적을 명료하게 이해하지 못하면, 조직의 기능과 과정들을 전략적으로 정렬할 수도 없다. 이러한 문제점을 척결하기 위해서는, 명료한 사명 진술이 수립되어야만 한다.

> *사명의 진술에 관해서는, 『기록관리의 전략계획』(Strategic Planning for Records and Archives Services)에서 보다 상세하게 논의되고 있다.*

조직이 최적으로 운영되기 위해서는, 그 조직의 환경, 사명, 하위시스템, 구조, 과정, 활동, 과제들이 모두 잘 들어맞아야 한다. 그 조직에 대한 분석은, 위에서 우리가 논의했듯이, 이 요소들의 어긋난 측면들을 드러내 줄 것이다. 만일 조직의 사명이 존재하지 않는 기능이나 과정들을 존재해야 한다고 규정하고 있다면, 그 기능이나 과정은 새로 설치되어야 한다. 만일 기존의 기능과 과정들이 그 조직의 사명의 성취를 뒷받침하지 못한다면, 그것들은 개편되거나 폐지되어야 한다. 예를 들어, 어떤 조직이 핵심 업무를 수행하는 하위시스템들의 운영을 변경했다면, 조직 내 피고용자의 급료라든가 인센티브 정책 및 관행도 더 이상 적합하지 않을 수 있다. 그러므로 조직을 재정비하기 위해서는, 경영진은 그 조직의 인적 자원 기능(하위시스템)을 바꾸어야만 할 것이다.

다른 하위시스템들이 변화하면, 기록물 및 영구기록물을 관리하는 기능(하위시스템)도 재정비될 필요가 있다. 기록관리시스템들을 간과한 탓에 조직의 효율성이 손상될 때가 많다는 것은 불행한 일이 아닐 수 없다.

조직의 구조가 조직 내 하위시스템 및 과정들의 순조로운 작동을 뒷받침하지 못하는 경우도 있다. 이를테면 기록관리 기능이 조직 내의 여러 단위들로 분산되어 있는 경우가 그러하다. 이 경우, 각 단위가 수행하는 기록관리 기능은 조화를 이루기 힘들고 능률적으로 수행되기도 힘들다. 공공부문 기록물이 수명을 다하도록 제대로 관리되기 위해서는, 기록관리구조가 통합되는 것이 바람직하다.

대체로 기록관리자와 아키비스트로서는 자신들이 기능상 책임진 영역 밖에서의 변화에 영향력을 행사할 여지가 없겠지만, 적어도 그들이 책임진 영역 내에서는 변화에 영향력을 행사할 수 있다. 제2과에서 논의되었듯이, 기록관리자들이 자신들이 통제할 수 없는 기능 영역에서 운영의 문제점을 발견할 경우에는, 프로그램 관리자들에게 영향력을 행사하여 필요한 변화를 추진하도록 권유할 수 있고, 또 그렇게 노력해야 할 의무가 있다.

[연습 19]

여러분 자신의 업무시스템 분석 프로젝트에 관해 생각해 보자. 본 과목에서 수행된 작업에 비추어볼 때, 여러분의 조직에서 어떤 유형의 문제점들이 여러분이 생각하는 문제에 원인으로 작용하거나 영향을 미쳤을 것이라고 생각하는가?

4. 해결책 설계

해당 조직의 업무 과정들에 대해 변화를 꾀할 때, 변화의 범위는 모든 시스템들에 대한 완전한 재설계로부터 일부 기능의 약간의 개선에 이르기까지 매우 넓다. 어떤 범위의 변화를 선택하느냐는 문제는 여러 요소들에 의해 결정되는데, 이를테면 다음과 같은 요소들이 있다.

- 문제의 심각성
- 기록관리자나 아키비스트가 권위를 행사할 수 있는 범위
- 직원들이 업무상에서의 극적인 변화를 수용할 수 있는 정도

업무 과정의 재설계나 개선에서 절대적인 방법이나 기술이나 도구는 있을 수 없다. 그러나 업무 과정의 문제점을 어떻게 해결할 것인지를 고민할 때, 다음과 같은 요점들을 염두에 둘 필요가 있다.

- 창조적이어야 한다. 새로운 방식으로 사고하도록 노력하라.
- 과감하게 가정하라(예컨대, 우리가 이 활동이나 업무를 지금부터 수행하지 않는다면, 최악의 경우 어떤 일이 발생할 수 있는가?)

- 활동이나 업무에서 폐지되거나 통합될 수 있는 중복성을 주의 깊게 살펴라.
- 업무 과정에서 다른 단계로 옮겨질 수 있거나, 단순화될 수 있거나, 동시에 수행될 수 있는 활동과 업무들을 찾아라.
- 정보기술이 사용되면, 특정 활동과 업무들에 대한 요구를 제거하거나 업무과정의 효율을 높일 수 있는가를 검토하라.
- '어떤 일을 한 사람의 직원이 혼자 수행한다면, 그 일이 어떻게 처리될 것인가'를 물어라. 이러한 질문은 논쟁의 여지가 있다. 자신이 잉여인력이 될지 모른다는 두려움은 누구에게나 심각한 것이기 때문이다. 실제로 직원 감축은, 실업률이 높고 시민들이 정부의 일자리 제공에 의존하는 경우에는 바람직한 목표가 될 수 없다. 그러나 이런 질문을 제기하는 것은 사고의 집중에 도움을 준다. 특정한 업무 과정의 수행에 필요한 인원을 줄일 수 있다면, 기존의 직원은 새롭고도 더욱 중요한 과정과 업무에 자유롭게 참여할 기회를 얻을 수도 있다는 말이다.
- 활동 아닌 성과(출력요소)를 중심으로 새로운 업무 과정들을 조직하라.
- 외부인들(분석 중인 특정한 과정을 잘 알지 못하는 사람들)의 아이디어를 구하라. 외부인들은 어떤 과정에 대해 객관적으로 관찰하고 과감하게 가정하는 일에서, 상대적으로 좋은 위치에 있기 때문이다.
- 각각의 활동을 누가 수행하고 있는지를 살펴라(예를 들면, '조직 내의 다양한 단위에서 여러 직원들이 그 과정을 지원하고 있는가'를 물어라). 이를 통해, 너무 많은 '수수방관자들'(hand offs)이 업무 과정을 지연시키고 있는 영역들을 파악할 수 있다.

기록관리 요건 결정

어떤 업무 과정을 분석하거나 재설계할 때, 그 과정에 대해 기록관리 요건들을 재검토하고 정립하는 것은 매우 중요하다. 어떤 업무 과정이 기록물을 필요로 하는 이유는 다음과 같다.

- 업무 과정을 수행하고 통제하기 위해
- 법이나 규정이 정한대로 수행된 일에 관한 증거를 유지하기 위해
- 수행된 일에 관한 정보를 조직이나 공동체에 제공하기 위해

예를 들어, 피고용자에게 급료를 지급하는 과정을 다시 한번 고려해 보자. 그 과정의 최종 생산물은 지급 수표이다. 제2과에서 예시되었듯이, 빈틈없이 정확하게 지급 수표를 준비하고 과연 현재의 준비 과정이 각종 정보 조건을 충족시키고 있는지를 평가하기 위해서는,

어떤 정보가 필요한지를 결정해야만 한다.

그렇지만, 조직 전체가 필요로 하는 정보는, 단지 급료지급 과정에 필요한 정보보다 훨씬 많다는 사실을 염두에 두는 것이 중요하다. 관련 업무과정들의 정보요구를 충족시키기 위해, 혹은 규제 요건들(regulatory requirements)을 충족시키기 위해, 혹은 공공의 정보요구를 충족시키기 위해, 혹은 문화적, 역사적 연구를 위해서도 정보를 유지할 필요가 있다는 말이다.

일단 한 업무 과정의 기록관리 요건들이 결정되고 나면, 기존의 기록관리시스템들이 그 요건들을 얼마나 잘 충족시키고 있는지를 평가할 수 있으며, 그 요건들을 만족시킬 전략을 수립할 수 있다. 그 전략은 기록관리시스템들을 재설계하는 것일 수도 있고, 기록물의 처리 일정을 개선하는 것일 수도 있고, 문서 추적시스템을 정립하는 것일 수도 있고, 보존 및 취급의 방법을 바꾸는 것일 수도 있다. 확인된 기록관리 요건들을 충족시키기 위해서는 여러 전략이 별개로 적용될 수도 있고, 함께 적용될 수도 있다. 어떤 전략, 혹은 어떤 전략들의 결합이 가장 적절하고 효과적인지를 결정하기 위해서는, 기록관리 요건들을 충족시키지 못할 때 발생할 위험이 어느 정도인지, 기존 기록관리시스템의 환경은 어떠한지, 조직의 문화는 어떠한지 등을 검토할 필요가 있다.

[연습 20]

연습 19에서 여러분이 검토한 업무과정을 다시 고려해 보자. 여러분은 그 업무 과정의 기록관리 요건들이 무엇이라고 생각하는가?

5. 업무시스템 분석 프로젝트 적용

일단 분석과 설계가 완성되고 나면, 프로젝트의 다음 단계는 적용이다. 분석을 수행하는 동안, 조직의 문제점들이 확인되었으며, 이 문제점들을 해결하기 위해서는 업무시스템의 요소들을 어떻게 재설계할 것인지에 관해 대안들이 마련되었다. 이 해결책들을 적용함에 있어서, 첫 단계는 각 대안을 적용할 때 예상되는 이익을 정밀하게 평가하는 일이다.

이익에 대한 평가는 'SMART'의 원칙에 따라 수행되어야 한다. 말하자면, Specific(구체적인), Measurable(계측 가능한), Achievable(달성 가능한), Realistic(현실적인), Timely(시의 적절한) 형태로 수행되어야 한다. 기록물의 처리일정을 새로 수립하고 적용하는 경우를 예로 들어 보자. 이 경우에는, 가치 없는 기록물의 폐기로 인해 줄어들게 될 기록물의 양(미터)이나 파일 보관 캐비닛의 숫자 같은 견지에서 이익을 표현할 수 있다.

물론, 어떤 업무시스템의 재설계가 가져올 이익 중에는 계량화하기 힘든 것도 있다. 신빙성의 개선이라든가 고객의 만족 등은 계산이 불가능할 수 있다. 그렇지만, 이익은 (될 수 있는 한) 계산 가능한 견지에서 정의되어야 한다.

그 다음으로 필요한 것은, 대안의 적용에 필요한 조건과 시간을 평가하는 일이다. 예컨대, 최신 장비의 구입에 필요한 재원은, 우선 순위의 고려 조건임이 분명하다. 그러나 이에 못지않게 중요한 요소는, 목표로 정한 변화를 구체화할 정책 및 절차들을 개정하는 데 소요되는 시간이다. 시간의 골격을 결정할 때에는, 직원을 재교육하는 시간 역시 고려되어야 한다. 이 대목에서도 여러분은 각자 생각한 조건과 시간을 계량적으로 표시할 수 있도록 최선을 다해야 한다.

그런 다음에는 각 대안을 적용하는 데 필요한 활동과 조건들을, 실행계획 내에 문서로 작성해 두어야 한다. 실행계획을 진행하면서 거치게 될 단계들은, 상세한 프로젝트 계획 및 일정을 진행하면서 거친 단계들과 매우 유사하다. 실행계획은 융통성이 있어야 한다는 점을 기억하기로 하자. 예기치 못한 상황에 맞게 조절될 필요가 종종 발생하기 때문이다.

실행계획이 실행될 수 있으려면, 그 전에 조사결과와 대안들을 담은 보고서를 고위 관리진에 보고하여 승인을 얻어야 한다. 프로젝트 수행기간 동안 이미 정기적으로 진척 보고서를 관리진에 제출하였겠지만, 이와는 별도로 최종 보고서가 승인을 얻을 때까지는 어떠한 실행조치도 취해서는 안된다.

최종 승인을 얻기 위해서는, 명료하고도 논리적인 근거를 제시하여, 변화의 이익을 입증하고 실행에 투입될 비용과 노력을 정당화할 필요가 있다. 예컨대, 여러분이 기록관리부서를 관리하기 위해 자동화시스템을 추천하기로 결정했다면, 자동화시스템에 재원을 투입하여 얻을 수 있는 이익을 명료하게 개진하는 것이 중요하다. 고위 관리진에게 비용-이윤 분석의 형식으로 최종보고서를 제출하는 것도 좋은 방안이다.

일단 고위 관리자들이 승인하면 실행을 위한 조건들은 충족된 셈이다. 실행의 출발점은, 변화로부터 영향을 받는 피고용자에게 실행계획에 관해 조언을 주는 것에서 개시될 수 있다. 변화의 효과적인 관리는 대안의 실행에 매우 중요한 요소이기 때문이다.

변화의 관리에 대해서는, 『기록관리의 전략계획』(Strategic
Planning for Records and Archives Services)에서 보다 상세하게 논의
되고 있다.

실행의 각 단계마다, 프로젝트 관리자는 프로젝트가 방향을 잃지 않도록 보증할 책임이
있다. 이를 위해 그는 프로젝트가 목표들을 착실히 충족시켜가고 있는가, 일정을 벗어나지
않는가, 할당된 자원을 초과하지는 않는가, 실행계획을 위해 필요한 조정을 거치고 있는가
등을 점검해야 한다.

6. 업무시스템 분석 프로젝트 평가

업무시스템 분석 프로젝트의 성공을 평가하는 것은, 업무시스템 개편의 성공과 지속을
보증하는 데 매우 중요하다. 평가 방법 중 하나는 '감사'(audit)이다.

> **감사 :** 한 독립적인 개인이 미리 규정된 일련의 기준들에 비추어,
> 분석 단위의 적합성을 재검토하고 검증하고 평가하고 보고하는 과
> 정. 업무시스템 분석 프로젝트의 경우에는, 감사의 기준을 실행 목표
> 로부터 이끌어낼 수 있다.

업무시스템 분석 프로젝트의 경우에는, 감사의 기준이 실행 목표로부터 나온다. 업무시
스템 분석 프로젝트에 대한 감사는, 실행을 위해 마련된 여러 대안이 각기 충족되었는가를
평가하는 작업을 포함한다. 말하자면, 그 프로젝트는 '계획된 대로 실행되었는가? 그것은
효과적인가?' 등을 묻는 것이다. 목표들이 'SMART'의 원칙에 맞게 설정되었다면, 감사결과
역시 그 목표들이 성공적으로 달성되었음을 보여주게 될 것이다.

> 관리시스템들에 대한 평가는, 『기록관리의 전략계획』(Strategic
> Planning for Records and Archives Services)에서 보다 상세하기 논의
> 되고 있다.

감사는 아직 실행단계를 충실히 거치지 못한 대안도 확인해줄 것이며, 특히 기대효과를
낳지 못한 대안들을 집중 조명해줄 것이다. 만일 승인된 대안들이 충실히 실행되지 못한

상태라면, 그것들을 충실하게 실행해야 할 이유와 여기에 필요한 단계들을 결정할 필요가 있다. 반면에 이미 실행된 대안들이 기대 효과를 낳지 못하는 경우라면, 원래의 문제점을 재검토할 필요가 있다. 그래야만 심층적인 원인들이 확인되고 그 원인들에 대처할 해결책들이 도출될 수 있기 때문이다.

요약

본 과에서는 업무시스템 분석을 조직적으로 수행하기 위한 방법을 논의하였다. 업무시스템 분석을 계획하는 단계에서는 다음과 같은 지침들이 주어졌다.

- 해당 조직의 문제점을 업무시스템 분석 프로젝트의 초점으로 정의할 것
- 프로젝트의 목표와 이익을 정의할 것
- 프로젝트의 범위를 명시할 것
- 프로젝트 활동에 대한 계획과 일정을 수립할 것
- 프로젝트 추진단을 구성할 것
- 프로젝트의 위험들을 결정할 것
- 프로젝트 수행시 참조 항목들을 개발할 것
- 고위 관리진의 승인을 얻을 것
- 프로젝트 참여자들과 여타 구성원들을 위해 교육훈련을 실시하고 의사소통의 통로를 마련할 것

그 외에도 본 과는 데이터를 수집하고 분석하는 활동을 다루었으며, 이와 함께 조직의 문제점을 해결하기 위해 해당 조직 전체나 업무 과정을 재설계하는 일, 그리고 대안을 적용하고 실행하는 일 등도 다루었다.

해당 조직 전체나 업무 과정의 변화가 초래할 결과들을 연구하는 것이 중요함을 강조하였으며, 감사는 이 같은 재설계 노력의 결과를 검토하는 데 유용한 도구임을 확인하였다.

학습과제

1. 감사란 무엇인가?

2. 업무시스템 분석 프로젝트의 전형적인 단계들로는 어떤 것들이 있는가? 각 단계를 수행함에 있어 전형적인 활동들로는 어떤 것들이 있는가?

3. 여러분은 왜 업무시스템 분석에 착수하려고 하는가?

4. 그 프로젝트의 범위를 정의하는 목적은 무엇인가? 범위의 정의에서 결정적인 요소들로는 어떤 것들이 있는가? 범위의 정의는 왜 프로젝트의 성패에서 결정적인가?

5. 여러분은 어떤 근거에서 특정 업무과정의 재설계를 결정하는가?

6. 훌륭한 프로젝트 관리자가 되기 위해서는 어떤 지식, 어떤 기술, 어떤 자질이 필요한가?

7. 프로젝트 참여자들에게 필요한 두 유형의 교육훈련이란 무엇인가? 두 유형의 교육훈련은 각기 어떤 때에 수행되며 왜 수행되는가?

8. 프로젝트 수행시의 참조 항목들은 어떤 요소들을 포함해야 하는가?

9. 업무시스템 분석 연구를 위한 정보 수집에서 여러분은 어떤 출처를 이용할 것인가?

10. 어떤 조직이 수행하는 여러 기능들을 분석할 때, 여러분은 어떤 단계를 거쳐야 하는가?

11. 업무시스템 분석 프로젝트가 드러내 줄 수 있는 조직의 문제점들에는 어떤 유형들이 있는가? 그 문제들을 해결하기 위해, 여러분은 어떤 전략들을 이용할 수 있는가?

12. 조직의 문제점들을 진단하고 해결함에 있어 절대적 방법이 있을 수 없는 이유는 무엇인가? 조직의 문제점들을 진단하고 해결책을 마련함에 있어서, 시스템 작동의 역동성을 이해하는 것은 왜 중요한가?

13. 왜 실행 목표들은 'SMART'해야 (구체적이고, 계측가능하고, 달성 가능하고, 현실적이고, 시의 적절해야) 하는가?

연습 : 조언

연습 8

업무시스템 분석은 탄력적으로 적용되는 도구이자 분석적인 접근 방법으로, 어떤 조직이 처한, 광범위하고 다양한 기능적 문제점들과 기록물/정보 관리의 문제점들을 해결하기 위해 이용될 수 있다. 예컨대, 공공부문 관리자들은 업무시스템 분석을 이용해서 정부의 재정관리의 문제점에 대처할 수 있다. 공공부문 기록관리자들의 경우에는 업무시스템 분석 기술을 활용해서, 재정과 관련된 보고 및 정보 관리상의 문제점에 대처할 수 있다. 기록관리의 전형적인 기능에 비추어 볼 때, 업무시스템 분석은 기록관리부서의 개편, 파일 분류시스템의 재설계, 기록물 처리일정의 개발, 자동화시스템에 필요한 조건들의 확인 등에 이용될 수 있다.

본 연습은 본 과의 나머지 내용에 대해 여러분의 관심을 집중시키기 위해 마련된 것이다. 여기서 소개된 원칙들과 착상들을 여러분 자신이 (실제적으로든 가설적으로든) 파악한 문제에 적용함으로써, 여러분은 업무시스템 분석 과정이 어떻게 완성되는지를 파악하기 시작할 수 있을 것이다.

연습 9

프로젝트의 기대전망을 정의한다는 것은, 진단된 문제점을 해결하고 나면 상황이 어떻게 바뀔 것인가를 미리 묘사하는 일이다. 문제점을 한 번 뒤집어서 고려하는 것이다. 가령 프로젝트의 초점이 해당 조직의 재정관리시스템상의 문제에 맞추어 진다면, 기대전망과 목표는, 해당 조직의 재정 상태를 언제든지 알 수 있을 것, 해당 조직이 충분한 자본과 현금유동성을 확보하여 예산 내의 적자 및 잔여 집행항목을 충족시킬 수 있을 것 등이 될 수 있다. 다시 한번 강조하지만, 이 시점에서는 그 같은 기대전망이 어떻게 실현될 수 있을 것인지를 언급해서는 안된다. 목표와 해결책을 혼동해서는 안된다.

연습 10

업무시스템 분석 프로젝트의 범위를 결정하기 위해서는, 여러분은 그 분석으로 무엇을 할 수 있는지를 비판적으로 분석해야 한다. 위의 사례를 이용하자면, 프로젝트의 초점은 해당 조직의 재정관리시스템 중에서 예산 관련 하위시스템 및 업무 과정들만으로 한정될 수 있다. 그렇다고 해서 그 시스템의 다른 측면들을 무시한다는 말은 아니다.

프로젝트가 초점을 맞추는 하위시스템이나 과정이나 활동이나 업무가 무엇이든 간에, 여러분은 늘 해당 조직 전체에 대한 전망을 유지해야 하며, 특수한 것을 일반적인 것과의 관계 속에서 분석해야 한다. 그렇지 않으면, 중요한 상관관계를 무시한 탓에, 바람직한 성과를 얻을 수 없을 것이다. 조직 전체에 새로운, 예기치 못한 문제를 야기할 수도 있을 것이다.

연습 11

어떤 조직의 핵심 시스템들과 업무 과정들을 분석하는 방대한 프로젝트의 경우에는, 보다 공식적이고 복잡한 조직구성이 필요하다. 이보다 작은 규모, 예컨대 기록관리부서의 재설계를 위한 업무시스템 분석 프로젝트의 경우에는, 상대적으로 덜 공식적이고 덜 복잡한 조직구성이 필요할 것이다. 프로젝트를 추진하기 위한 조직구성에서, 여러분은 참여할 인원에 관해 심사숙고해야 한다. 각 참여자의 장점과 약점은 무엇인가? 각자는 어떤 종류의 특수한 기술을 가지고 있는가? 참여자들의 소질을 파악하는 것은, 프로젝트의 각 책임 영역에 적임자를 선택하는 데 도움을 줄 것이다.

연습 12

프로젝트의 참여자들 각각에 대해 강점과 약점, 그리고 특별한 기술을 확인하고 나면, 여러분은 쉽게 무엇이 결핍되었는지를 파악할 수 있다. 이 정보를 이용해서, 각 참여자에게 필요한 것을 보충해 줄 교육훈련 전략을 수립할 수 있다.

연습 13

본 연습은 여러분 자신이 설정한 업무시스템 분석 프로젝트의 초점을 더욱 분명하게 만드는 데 도움을 줄 것이다. 여러분은 프로젝트의 목적과 범위를 명료하게 정의하는 것이 왜 중요한지를 이해할 수 있을 것이다. 본 연습을 수행하는 동안, 프로젝트의 다양한 부분들에 관해 주의 깊게 살펴야 한다. 예컨대, 10명이 참여한다면, 필요 재원은 얼마인가? 만일 재원이 충분하지 않아 4명을 뺀다면, 추진일정은 어떤 영향을 받을 수 있는가?

연습 14

이 정보의 출처들 중에는, 본 과목에서 앞서 열거된 것들이 포함된다.

연습 15

어떤 조직이 운영되는 환경을 개관하기 위한 최선의 방법 중 하나는, 조직표나 업무공정
표를 그리는 것이다. 그 예는 도표 3에 나와 있다.

연습 16

다양한 기능이나 과정들, 그리고 그것들 사이의 관계를 표시한 도표를 작성하면, 분석을
더욱 명쾌하게 진행할 수 있다. 제4과는 업무시스템들을 그림으로 표시하기 위한 여러 가
지 기술들을 소개하고 있다.

연습 17

여러분이 업무 과정을 검토하여 본 과목에서 논의된 종류의 분석을 수행할 때, 시스템
사고가 어떻게 적용될 수 있는지에 관해서는 제2과에서 예시된 바 있다.

연습 18

이 정보의 가능한 출처들 중에는 본 과목에서 열거된 것들이 포함된다. 여러분은 기록물
그 자체를 이용할 수도 있다. 예컨대, 어떤 기록물 시리즈 내에서 시간의 흐름에 따라 달라
지는 문서 유형을 검토함으로써, 그 기능이 어떻게 발전하거나 변화해왔는지, 해당 조직의
어떤 단위가 그 기능을 담당해왔는지를 밝힐 수 있다. 그러나 여러분이 기록물을 선별해서
읽어야 한다는 점을 기억하라.

연습 19

제6과에는 부가적 자료에 관한 절이 소개되고 있는데, 이 절은 여러분이 문제점을 확인
하고 그 가능한 해결책을 모색하는 데 도움을 줄 것이다. 조직의 재설계며 업무과정 개편을
다룬 연구의 대부분이 북미지역의 민간 부문(예컨대 기업)의 관점에서 나온 것임을 유념해
야 한다. 이런 관점은 여러분의 조직적, 문화적 맥락에는 적합하지 않을 수 있다. 분별력을
발휘해야 한다.

연습 20

기록관리가 필요하다는 요구가 발생하는 것은, 기록물이 업무과정의 입력요소와 출력요
소이기 때문이요, 업무과정의 통제와 개편에 필요한 것이기 때문이다. 여러분 스스로 자문

해 보라. 기록물은 업무과정에 이용 가능한 입력요소로서 필요한가? 이 과정으로부터의 출력요소는, 그 과정과 관련된 다른 과정에서 입력요소로 이용될 수 있는가? 기록물은 그 과정을 통제하기 위해 필요한가? 그렇지 않다면, 기록물의 이용을 보장하기 위해서는 무슨 일을 해야 할 것인지에 관해 생각해 보라. 이런 생각들은 곧 여러분이 스스로 설정한 기록관리의 요건들이 될 것이다. 뿐만 아니라, 기록물과 관련된 과정, 즉 입력, 출력, 통제, 변형 등에 관해 업무시스템 분석이 제공하는 정보는, 과연 기록관리의 다른 요건들도 법이나 규정에 명시되어 있는지의 여부를 여러분이 확인하는 데 도움을 줄 것이다.

업무시스템 분석을 위한 기술과 도구

업무시스템 분석 작업에 도움을 줄 수 있는 기술과 도구는 많이 있다. 그 수가 많은 만큼, 이용 가능한 기술 및 도구에 관해서도 많은 논의가 진행되었지만, 본 과목은 기본적인 '최상의 실무'에 초점을 맞출 것이다.

그 밖의 기술과 도구, 그리고 그 기술과 도구가 현재 이용되거나 이용되어온 다양한 맥락에 관해서는, 본 모듈의 주요 참고문헌 목록에 수록된 읽을 거리들을 참조하기 바란다. 본 과를 마치고 나면, 여러분은 다음과 같은 기술 및 도구들에 익숙해짐은 물론, 그것들을 업무시스템 분석 프로젝트에 적용할 수 있는 방법에도 친숙해져야 한다.

- 간트(Gantt) 차트
- 관계 일람표(Affinity diagrams)
- 과정 지도 그리기(Process mapping)
- 흐름 도표 그리기(Flow charting)
- 생선가시 도표(Fishbone diagrams)
- 인과 순환 도표(Causal loop diagrams)
- 통계분석
- 체크리스트
- 파레토 차트
- 기둥도표(Histograms)
- 분산도표(Scatter diagrams)

데이터를 분석하는 데는 하나 이상의 기술이 이용될 수 있음을 기억할 필요가 있다.

> 업무시스템 분석에 이용될 수 있는 다른 일반적인 관리 기술들 및 도구들은, 『기록관리의 전략계획』(*Strategic Planning for Records and Archives Services*)에서 논의되고 있다.

l. 간트 차트

간트 차트는 프로젝트 일정이나 실행 계획을 수립할 때 사용된다. 이 차트는 프로젝트를 완성하기 위해 수행되어야 할 활동 및 과제의 유형, 기간, 전후관계 등을 막대그래프로 그린 것이다.

> **간트 차트(Gante Chart)** : 어떤 프로젝트를 완성하기 위해 수행되어야 할 활동 및 과제의 유형과 기간을 막대그래프형으로 그린 도표.

간트 차트를 준비하기 위해서는 다음 단계들을 거쳐야 한다. 첫 단계는 프로젝트를 완성하기 위해 수행되어야 할 모든 활동 및 과제에 대한 목록을 준비하는 것이다. 수행되어야 할 순서대로 그 활동과 과제를 열거할 필요가 있다. 기록관리부서가 미정리 서류들을 편철하는 작업을 예로 들어보자. 그 일을 수행하기 위해서는 다음과 같은 활동들이 필요할 것이다.

- 서류들을 범주에 따라 분류하기
- 서류들을 식별 번호에 따라 구분하기
- 미정리분이 모두 처리될 때까지 서류들을 적절한 서류철에 집어 넣기

활동 및 과제를 모두 열거한 뒤에는, 대문자 'L'을 그린다. L에서 수직 축을 따라, 수행되어야 할 모든 활동과 과제를 열거한다. 최초의 활동 및 과제를 바닥에서부터 적기 시작하여, 마지막 활동 및 과제를 맨 위에 적는다. 수평 축을 따라서는, 시간의 흐름을 적절한 단위(분 단위, 날짜 단위, 월 단위)로 열거한다. 각 활동 및 과제에 대해, 수평 방향의 막대를 그린다. 활동의 출발점으로 정해진 시간에서 막대를 그리기 시작하여, 활동의 종결점으로 정해진 시간에서 막대를 끝낸다. 막대의 시작과 끝은, 그 활동이 언제 시작해서 완성될 때까지 얼마나 오래 걸리는지를 보여주어야 한다.

간트 차트는 바닥부터 위로 구성하는 것이 쉽지만, 사람들이 보기에는 도표 4처럼 꼭대기에서부터 아래쪽으로 다시 그리는 편이 더 좋다. 색채나 기호를 이용해서 사람이나 시간을 표시하면, 간트 차트에 더 많은 정보를 첨가할 수도 있다.

[연습 21]

  여러분 앞에 놓여 있는 기간을 생각해 보자. 여러분은 어떤 활동 및 과제들을 완수해야 하는가? 각 활동과 과제를 수행하는 시간은 얼마나 걸리는가? 동시에 수행될 수 있는 과제와 활동에는 어떤 것들이 있는가? 남은 기간의 일정을 그린 간트 차트를 준비해 보라.

기록관리부서 확장 프로젝트

순번	조 치	월														
		1	2	3	4	5	6	7	8	9	10	11	12	13	14	15
		1998												1999		
		1월	2월	3월	4월	5월	6월	7월	8월	9월	10월	11월	12월	1월	2월	3월
1	견적서 제출	×××××														
2	실견적 과정		×××××													
3	세부 설계			×××××	×××××											
4	입찰서류 준비				×××××	×××××										
5	입찰 응모						×××××									
6	보고, 통보, 인도							×××××								
7	공사								×××××	×××××	×××××	×××××				
8	서가 정리												×××××	×××××		
9	총점검														×××××	
10	결재와 공식 개소															×××××

도표 4 : 간트 차트

2. 관계 일람표

관계 일람표는, 업무시스템들을 이해하고 기능 분석을 수행하기 위해서 뿐만 아니라, 해당 조직의 문제점을 진단하고 밝히기 위해서도 종종 사용되는 도구이다. 이 일람표를 사용하면 다음과 같은 것들을 확인할 수 있다.

- 해당 조직의 기능, 과정, 활동, 업무, 기록물 등은 어떻게 서로 관계를 맺고 있는가?
- 해당 조직이 지금까지 수행해온 기능
- 고객의 요구들. 또한 이 요구들은 충족되고 있는가 그렇지 못한가?
- 제공된 서비스에서의 결함
- 성장을 위해, 혹은 새로운 서비스 기회를 위해 가능한 새로운 방향

관계 일람표 : 어떤 업무시스템을 구성하는 요소들 사이의 관계를 도해로 표현하기 위해 사용되는 도구

관계 일람표를 준비하기 위해 따라야 할 단계는 다음과 같다.

1. 해당 조직의 구조, 기능, 과정, 활동, 업무, 기록물 시리즈 등을 각각 5인치 크기의 카드 세 장에 열거한다.
2. 기능에 따라 카드를 분류한다. 그리하여 특정 기능과 관련된 카드를 포개 군(group)을 만든다. 어떤 카드는 둘 이상의 카드 군에 걸쳐 있을 수 있다. 이 경우에는, 그 카드를 복사해서 사용하면 된다.
3. 그 기능을 확인할 수 있도록, 서로 연관된 카드들로 구성된 카드 군들 각각에 대해 표제 카드를 만든다.
4. 각 카드 군 내에서, 그리고 카드 군들 사이에서, 개별 카드들의 관계를 확인한다. 이러한 관계를 화살표로 표시한다.
5. 카드 군들에 들어있는 기록물 시리즈, 업무, 활동, 과정, 기능, 구조 등을 조직 전체의 사명과 고객의 요구에 연결짓거나, 조직의 사명이나 고객의 요구 중 하나에 연결짓는다. 이러한 연결성이 있느냐 없느냐에 따라 조직의 문제점을 진단한다.
6. 그 결과들을 도표 5처럼 일람표로 그린다.

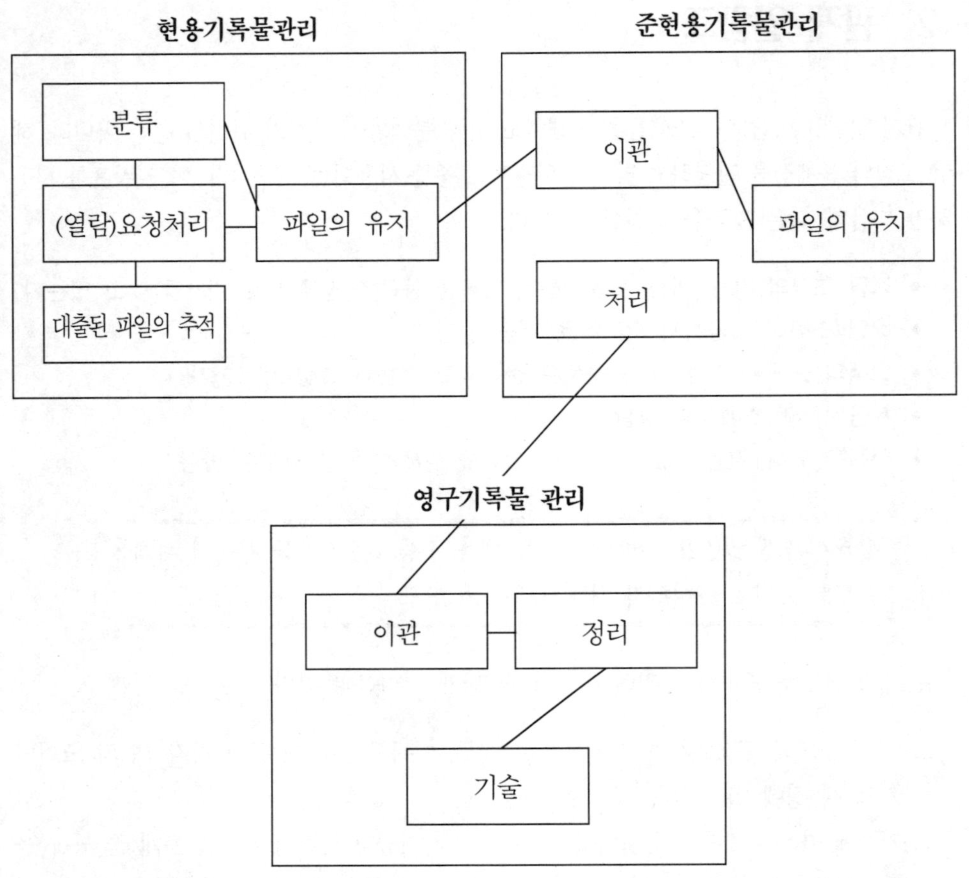

도표 5 : 관계 일람표

　도표 5는 기록관리 프로그램을 위한 관계 일람표이다. '색인 카드'는 현용기록물관리, 준현용기록물관리, 영구기록물관리 등 세 기능에 따라 분류되었다. 이 일람표는 각 기능과 연관된 주요 업무과정에 대한 색인카드를 보여준다. 예컨대, 현용기록물관리는 '분류', '열람요구 처리', '대출', '파일 유지관리' 등의 과정들을 포함한다.

　이 일람표는 복잡함을 피하기 위해, 활동, 업무, 기록물 시리즈 등을 생략했다. 보다 높은 수준의 일람표에서는, 동일한 접근법을 사용하여 이런 요소들도 각기 별도의 (그러나 연관된) 일람표 안에 서술하는 것이 좋다. 연결 선을 이용하면, 각 업무 과정들 사이의 관계도 표시할 수 있다. 예를 들어, 현용기록물관리 기능에서 파일 유지관리 과정은, 준현용기록물관리 기능에서 인수 과정과 연결된다. 이 관계를 통해, 정규적인 파일 유지관리 과정에는 완결 파일들(closed files)을 자료관으로 이관하는 작업이 포함됨을 알 수 있다.

관계 일람표를 분석하면, 해당 조직의 요구 내지 사명이 그 조직의 기능들 및 과정들과 서로 어긋나는 측면을 드러낼 수 있다. 이처럼 어긋난 측면이 있는지를 결정하기 위해서는 다음의 항목들을 검토할 필요가 있다.

- 조직의 사명이나 요구와 관련이 없는 것처럼 보이는 기능
- 다른 어떠한 과정이나 기능들과도 관련이 없는 것처럼 보이는 과정
- 조직의 사명이나 요구가 이와 관련된 어떠한 기능이나 과정도 수반하지 않는 것처럼 보이는 측면

관계 일람표의 분석을 통해, 여러분은 조직 내의 기능들이나 서비스들에서의 결함을 집어내고, 조직의 사명을 뒷받침하지 않거나 조직의 요구를 충족시키지 못하는 기능들이나 과정들을 파악할 수 있어야만 한다. 이처럼 결함 있는 영역들은, 새로운 기능이나 과정을 신설함으로써, 혹은 불필요한 기능이나 과정을 개편하거나 폐지함으로써, 개선될 수 있어야 할 것이다.

[연습 22]

도표 5에서 확인된 과정들 중 하나의 과정과 연관된 활동, 업무, 기록물 시리즈를 보여주는 관계 일람표를 작성해 보라.

3. 과정 지도 그리기

걸음의 과정을 예로 들면, 다음과 같이 묘사될 수 있을 것이다.

- 왼발을 든다.
- 왼발을 앞으로 옮긴다.
- 왼발을 내린다.
- 오른발을 든다.
- 오른발을 앞으로 옮긴다.

- 오른발을 내린다.
- 과정을 반복한다.

우리는 걸음걸이를 다음과 같은 과정 지도로 나타낼 수 있다.

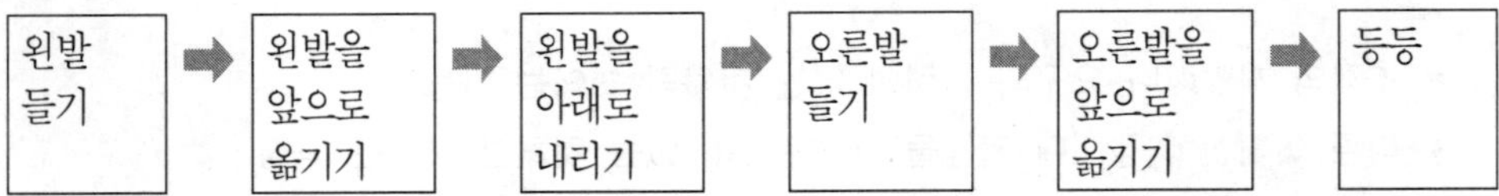

도표 6 : 걸음걸이에 대한 과정 지도

한 과정에서 세부항목의 수준은 다양할 수 있다. 어떤 지도는 하나의 업무 과정에 속한 활동들을 높은 수준에서만 제시할 수도 있고, 어떤 지도는 높은 수준의 활동을 구성하는 업무까지 제시할 수도 있다. 어느 수준을 선택하느냐는 문제는 업무과정의 복잡성, 그리고 지도의 목표에 따라 결정된다. 예를 들어, 복잡한 업무과정에 대한 높은 수준의 지도는, 만일 특정 서류의 흐름을 추적하는 것이 지도를 그리는 목적이라면, 그리 세세한 대목까지 포함하지 않아도 된다.

예를 들어보자. 걸음걸이에 대한 과정 지도는 한 방으로부터 다른 방으로 이동하는 보다 광범위한 과정 지도의 일부일 수 있다. 보다 광범위한 지도는 의자에서 일어나는 것, 문을 여는 것, 옆 방으로 걸어가는 것 등을 말한다. 이처럼 높은 수준의 과정 지도에서는 걸음걸이라는 세부적 과정은 분석되지 않아도 좋다.

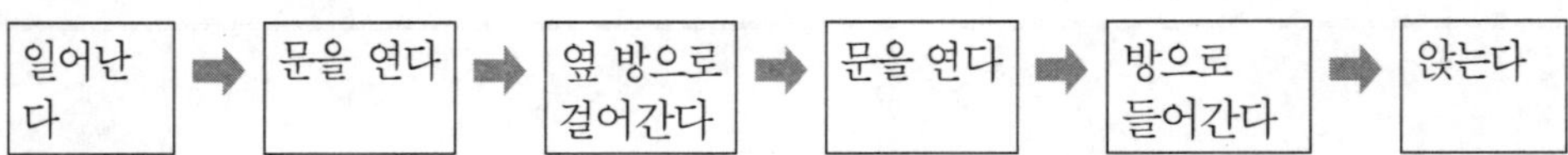

도표 7 : 한 방에서 다른 방으로의 이동을 그린 과정 지도

과정 지도의 가치

과정 지도들은 다음의 사안들에 대해 정확한 정보와 세부적인 측면을 제공할 수 있다.

- 무엇이 과정을 작동시키는가?
- 특정 과정과 관련된 활동 및 업무들
- 한 업무과정의 다양한 활동 사이에서 정보의 흐름
- 그 과정의 일부로 생산되거나 업데이트된 기록물
- 그 과정의 목표에 비추어 본, 다양한 기록물의 가치

- 그 과정의 결과로 수행된, 불필요한 작업 영역이나 중복 영역

과정 지도는 기록물 목록(inventories), 기록물의 형식, 기록물에 대한 정책과 절차, 기록물 작업 계획, 방침 기술(position descriptions), 기록물 처리일정, 파일분류시스템, 자동화시스템, 혹은 개편된 업무과정을 펼쳐 보이는 데 이용될 수 있다.

업무시스템 분석 프로젝트의 경우에도, 과정 지도는 여러 가지로 활용될 수 있다. 이를테면 현재의 업무과정을 기술하는 일, 현재의 업무과정 중 재설계로부터 이익을 얻을 수 있는 영역을 확인하는 일, 재설계된 업무과정의 모델을 작성하는 일 등에 활용될 수 있다. 그 밖에도 과정 지도는 데이터들을 쉽게 해석되고 분석될 수 있는 형식으로 제시하는 장점을 갖는다.

과정 지도를 분석하면 업무과정의 내적 문제들을 보다 쉽게 파악할 수 있다. 과정 지도의 횡적 흐름을 추적하다 보면, 여러분은 다음과 같은 문제의 징후들을 발견할 수 있다.

- 동일한 활동이 여러 번 반복되는 경우
- 업무과정이 거듭된 재검토, 승인, 서명 활동들로 구성되는 경우
- 서류가 처리과정에서 너무 많은 사람들을 거치는 경우
- 업무과정이 여러 조직에 걸쳐 있는 경우

뿐만 아니라, 과정 지도는 현재의 업무과정이나 재설계되어온 업무과정을 뒷받침하기 위해서는, 정보시스템과 기록관리시스템이 필수적임을 인식하는 데에도 도움을 준다. 일단 업무과정을 뒷받침하는 정보를 확인하고 나면, 기록물 목록, 파일 분류계획, 기록물처리일정 등을 수립할 수 있게 된다.

과정 지도는 어떤 업무 과정을 완성하거나 관리하려면 부가적인 정보가 필요함을 드러내기도 한다. 그럴 경우, 기록관리자와 아키비스트는 그 필요한 정보를 제공하고 관리하는 기록관리시스템을 구축할 수 있다.

과정 지도 준비

과정지도에 대한 다양한 참고자료에 대해서는 제6과를 참조

과정 지도를 준비하기 위해서는, 먼저 여러분이 지도로 그리고 있는 업무과정의 활동 및 업무를 숙지할 필요가 있다. 그 과정을 수행하고 있는 개인들과의 상담을 통해, 그 과정

에 무엇이 수반되는지를 이해할 필요가 있다. 이러한 상담은 데이터 수집 단계에 수행될 수 있다. 업무과정들 중에는 여러 조직들과 여러 기능들에 걸쳐 있는 것들이 많고, 따라서 여러분이 접촉해야 할 개인들은 여러 부서나 단위에 분산되어 있음을 기억해야 한다. 그 개인들은 각자가 수행하는 활동만을 잘 알고 있을 뿐임을 유념해야 한다. 그렇기 때문에, 여러분이 업무과정 전체에 대한 그림을 얻으려면, 다양한 개인들로부터 얻은 정보를 마치 조각그림 맞추듯이 결합할 필요가 있다.

지도 작성은 가장 높은 수준, 즉 업무과정에 대한 가장 추상적인 관점에서 시작하는 것이 좋다(예를 들면, 출발점에서는 업무과정을 하나의 단일한 활동으로 볼 수 있다). 그러다가 점차 그 과정을 구성하는 하위 활동으로 분해해 가서, 원하는 구체적 수준까지 도달하는 것이 바람직하다. 도표 8에는 업무과정의 가장 높은 수준이 예시되어 있다.

도표 8에서 어떤 파일의 열람요청에 응답하는 과정은 다음 세 가지 주요 활동으로 분해된다. 요청을 접수하기, 요청된 파일의 소재를 파악하기, 파일을 고객에게 전달하기. '요청된 파일의 소재를 파악하기'는 다시 두 업무로 나눈다. 데이터베이스를 검색하기와 파일을 서가로부터 꺼내기가 그것이다.

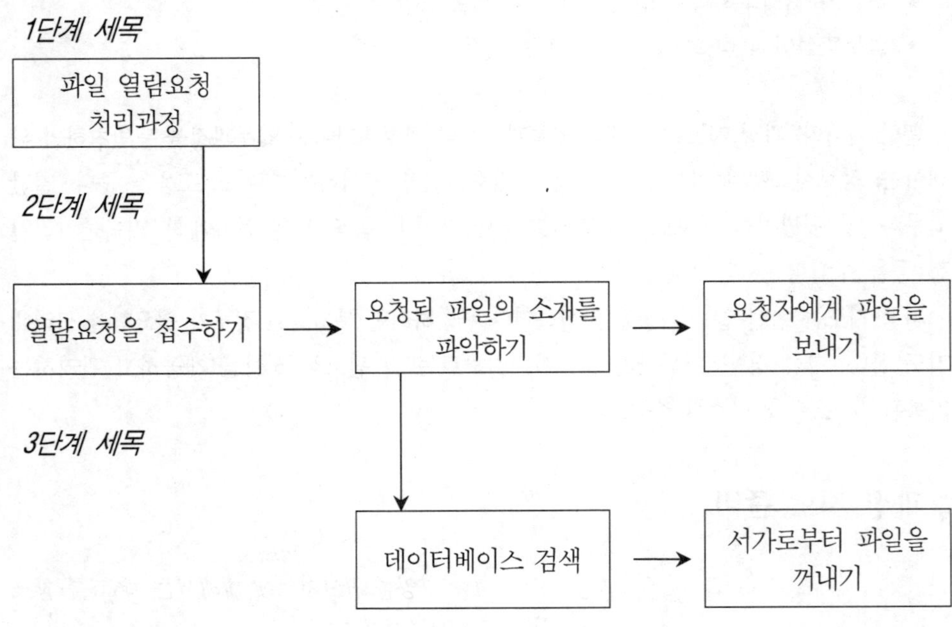

도표 8 : 단위업무 과정의 위계적 분석

과정 지도를 만들기 위해서는, 다음 단계들을 거친다.

1. 과정 지도에 제목을 부여한다. 대개의 경우 제목은 조직의 이름으로 시작하고, 그 뒤에 업무과정의 이름이 덧붙여진다. 손쉬운 식별을 위해서는 각 지도에 고유번호를 매기는 것이 좋다. 예를 들면, 'RM-01 기록관리 부서-열람요청 처리.' 여기서 RM은 '기록관리 부서'(Record Management Office)를 뜻하며, 01은 열람요청 처리 업무과정을 표시하는 번호이다.

2. 먼저 직사각형의 칸을 그려서 그 안에 업무과정의 첫 활동을 표시한다. 예컨대, 그 과정이 열람요청 접수에서 출발한다면, 과정 지도도 이 활동부터 그리기 시작한다.

3. 활동을 표시한 네모상자에 명칭을 부여한다. 이 명칭은 활동의 명칭과 고유번호를 포함한다. 활동의 명칭은 동사형으로 만드는 것이 좋다(예 : '열람요청을 접수하기'). 고유번호를 부여할 때에는, 지도의 고유번호에다가 각 활동의 고유번호를 결합하면 된다(예 : RM-01-1).

   연속으로 이어진 각 활동 네모상자는 지도 고유번호와 활동 고유번호를 결합한 고유번호를 부여 받는다. 일반적으로, 과정 지도 안에서의 번호는 첫 번째 활동 네모상자로부터 마지막 활동 네모상자까지 결번 없이 이어진다(예 : RM-01-1, RM-01-2, RM-01-03……). 더 세부적인 2차 수준에서는, 활동 네모상자의 고유번호에다가, 그 활동의 하위 활동들의 번호들을 순차적으로 덧붙인다. 이 때에는 활동 고유번호에 마침표를 찍고 하위활동의 고유번호를 매긴다(예 : RM-01-1.1).

   따라서 고유번호는 활동 네모상자가 얼마나 세부적인 수준인가를 표시한다. 고유번호는 각 활동이 과정 지도 안에서 상대적으로 어떤 위치에 있는가, 각 활동은 어떤 상위 활동에 포함되는가를 보여주는 것이기도 하다.

   만일 어떤 활동에 문서가 수반된다면, 그 문서의 이름을 적는다. 상이한 요소들로 구성된 양식(multi-part form)을 다룰 때에는, 그 양식에 몇 요소가 있는지를 적는다. 혹시 업무과정이 상이한 요소들로 구성된 양식을 접수하는 일로 시작되거나, 그런 양식의 문서를 여러 건 접수하는 일로 시작되더라도, 여러분은 단수로 표시해야 한다. 그 활동은 열람요청이 접수될 때마다 동일하게 반복되기 때문이다. 가령 기록관리부서가 50건의 열람요청 양식을 접수한다 하더라도, 여러분은 단 하나의 활동 네모상자만을 그리면 된다. 아래의 예에서 볼 수 있듯이, 상이한 요소들로 구성된 양식에는 몇 개의 요소가 있는지, 몇 건의 문서가 접수되는지를 활동 네모상자 안에 적는다. 도표 9는 활동 네모상자의 실례이다.

┌─────────────────────────────────┐
│ 열람요청을 접수하기   │
│ 3.요소의 양식 @ 50/하루   │
│ RM-01-1   │
└─────────────────────────────────┘

도표 9 : 활동 네모상자

4. 업무 과정에 입력되는 자료나 정보에 대해서는 일일이 활동 네모상자 왼쪽에 화살표를
   그려 표시한다.

입력요소(Input) : 한 업무과정이 기능하는 데 필요한 모든 자원.
그 과정에서 입력요소는 하나 이상의 출력요소로 변형된다.

여러분은 정보 입력요소에 대해서는 단선의 화살표, 자료 입력요소에 대해서는 복선의
화살표를 각각 사용하는 식으로, 정보의 흐름과 자료의 흐름을 구분하고자 할 수 있다. 도
표 10은 이러한 실례이다. 이 도표는 어떤 파일(정보)에 대한 열람요청과 함께 그 요청이
입력되는 실제 형식(자료)를 보여준다.

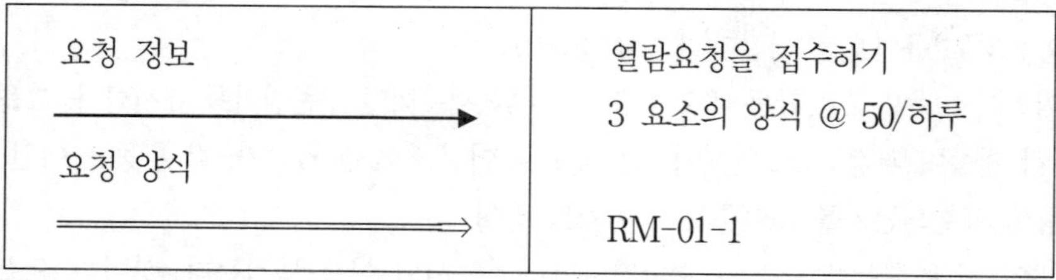

도표 10 : 입력요소의 흐름을 표시한 활동 네모상자

5. 자료나 정보의 각 출력요소에 대해서는, 활동 네모상자의 오른쪽에 화살표를 그려 표시
   한다.

   동일한 기술을 이용하면, 과정 지도는 점점 더 상세한 수준으로 이어질 수 있다. 각
단계를 반복하여, 한 활동이나 업무로부터 다른 활동이나 업무로 이어지는 지도를 그린
다. 이것은 업무과정에서의 최종 활동(출력요소)에 이르기까지 계속된다. 좀 더 융통성
있게 과정 지도를 그리려면, 큰 종이를 사용하기보다는 색인 카드나 황색 스티커를 사용
하는 편이 좋다.

[연습 23]

위의 도표 10에서 제시된 과정 지도에 연이어서, 이 업무과정의 자료 출력요소와 정보 출력요소를 그려 보라.

---

4. 흐름 차트(Flow Charts)

흐름 차트를 작성하기 위해 사용될 수 있는 기술은 다양하다. 여러분은 자신이 무엇을 달성하고자 하느냐에 따라 상이한 기술을 사용할 수 있다. 뒤에서 제시될 예는 기능, 활동, 외부 단체, 정보나 자료의 흐름, 기록물 등을 보여준다.

그러나 이 예는 너무 간단하다. 이 주제를 깊이 있게 다루려면 더 많이 읽고 교육훈련을 받아야 한다. 이 예는 한 조직의 기록관리 기능을 보여준다.

첫째, 한 장의 종이에 큰 직사각형을 그린다. 이것은 최상위 수준의 차트로, 기록관리부서의 모든 기능들을 보여준다. 그 도표의 머리 번호는 1이다(도표 11을 참조할 것).

각 기능은 별개의 카드에 그리고, 1.1부터 1.4까지 순번을 매긴다. 각 기능과 관계가 있는 외부 단체는 카드 밖에 타원을 그려 표시한다. 화살표는 외부 단체들과 기록관리부서 기능들 사이의 정보나 자료의 이동을 보여준다.

두 번째 수준에서는, 각각의 기능이 각기 한 장의 종이에 그려진다(도표 12를 참조하라). 이 차트의 머리 번호는 최상위 수준의 차트에서 본 것과 같은 숫자(즉 '1')이다. 각 기능을 구성하는 활동은 큰 카드 안에 작은 네모들에 의해 표시된다. 외부 단체들은 카드 밖에 타원들로 표시된다. 같은 종류의 외부 단체가 카드 밖에 한 번 이상 등장하면, 타원의 모서리로 사선을 엇갈리게 그린다. 정보나 자료의 흐름은 화살표로 표시된다. 이 예에서는 기록물 역시 표시된다.

필요하다면, 활동들을 세 번째, 심지어는 네 번째 수준으로 분해하는 것이 가능하다. 복잡하게 얽혀 있는 환경에서는 특히 이러한 시도가 필요할 것이다.

이 예에서는 큰 카드 속의 활동들 사이에 화살표가 없다고 해서, 그 활동들이 서로 연관되지 않는다는 뜻은 아니다. 활동 각각의 번호는 그것들이 발생하는 순서를 나타낸다.

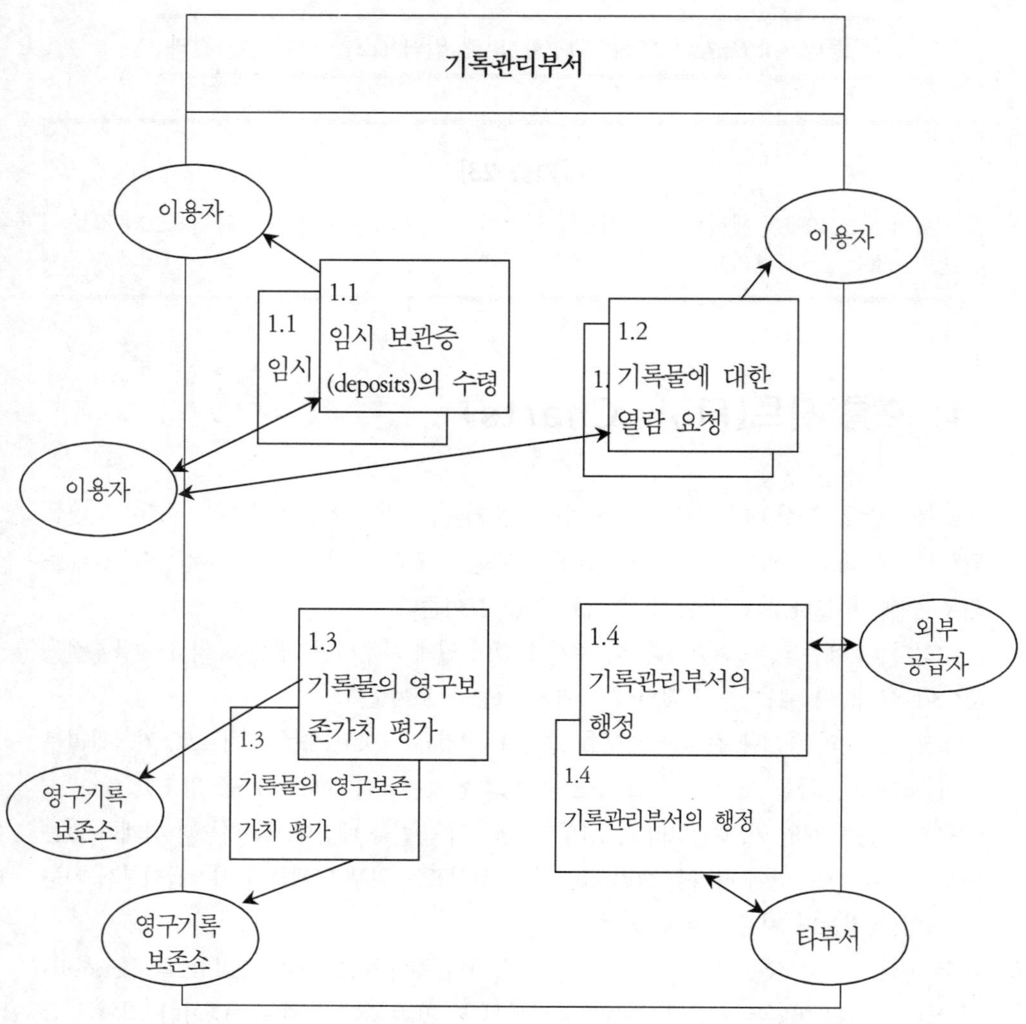

도표11 : 기록관리부서의 기능을 그린 '최상위수준 다이어그램'

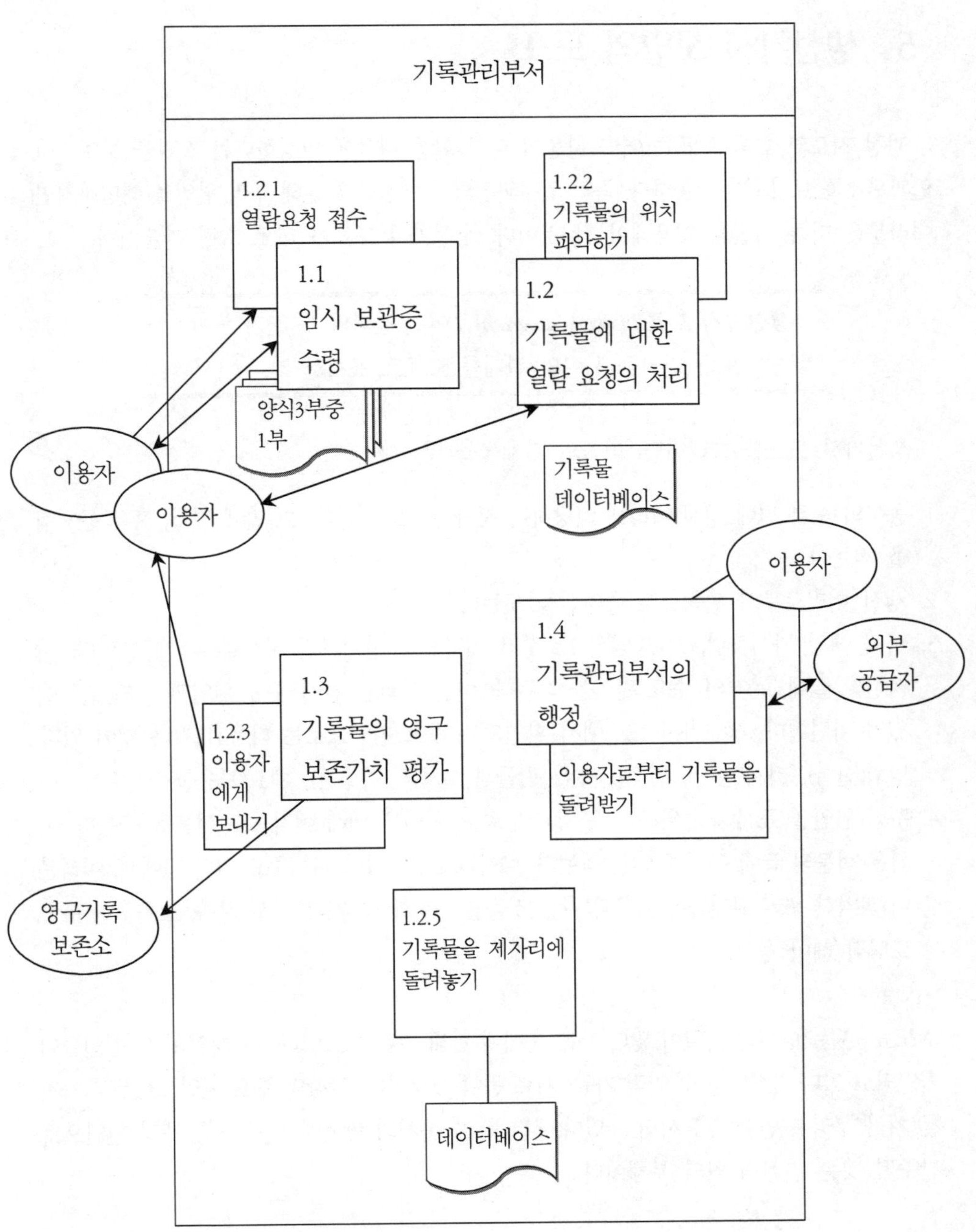

도표 12 : 기록물 열람요청 업무의 여러 활동을 그린 2차 수준의 다이어그램

5. 생선가시 모양의 도표

　과정 지도와 흐름 도표는 어떤 활동이 다른 활동 다음에 발생한다는 것만을 보여주지, 인과관계를 보여주지는 못한다. 특정 업무과정의 문제점들에 대해 뿌리 원인을 해명하려면, 여러분은 다른 기술을 이용해야 할 것이다. 생선가시 도표가 바로 그런 기술이다.

> ***생선가시 도표**(Fishbone diagram)* : 어떤 결과와 그 결과를 야기한 가능한 모든 원인들 사이의 관계를 도표로 표시한 것.

　생선가시 도표를 그리려면, 다음의 단계들을 밟는다.

1. 종이의 오른 편에 생선 머리에 해당하는 정사각형을 그린다. 그 안에 결과, 혹은 문제점을 적는다.
2. 생선 머리로부터 왼쪽으로 중앙선을 긋는다.
3. 마치 생선 가시처럼, 그 중앙선으로부터 예각으로 뻗어나간 사선을 4-5개 그린다. 각 사선의 끝에, 문제의 주요 원인을 적는다. 어떤 결과든 간에 주요 원인과 뿌리 원인이 있기 마련이다. 생선가시 도표에서 확인되는 주요 원인으로는 다음과 같은 것이 있다. 방법(절차), 기계(장비), 인적 자원(사람들과 그들의 기술들), 재료(보유물).
4. 뿌리 원인을 표시하기 위해서는, 각각의 주요 원인에 대해 예각으로 선분을 긋는다. 이 짧은 선분의 끝에 뿌리 원인을 적는다. 예를 들면, 인력이라는 주요 원인 밑에서, 여러분이 파악한 뿌리 원인들은 다음과 같은 것들을 포함할 수 있다. 직원 부족, 교육훈련 부족, 도덕적 해이 등등.

　도표 13은 '망실된 파일이 많다'라는 문제에 관해 그린 도표이다. 네 개의 주요 원인들이 확인되고 있다. 방법, 장비, 인적 자원, 재료 등이 그것이다. 각각의 주요 원인으로부터 가지를 쳐서 뿌리 원인들이 표시되고 있다(예컨대, 그 문제의 방법적 원인들 중 뿌리 원인으로 간주된 것은 편철 규칙의 부재이다).

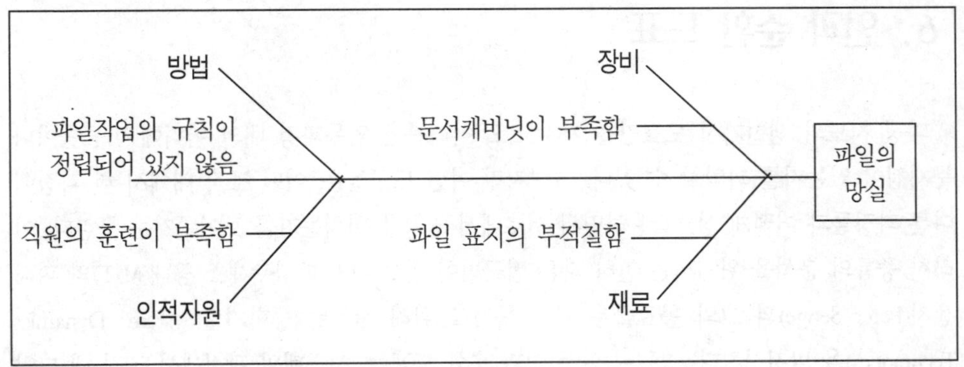

도표 13 : 생선가시 도표

  생선가시 도표를 제대로 작성하는 비결 중 하나는, 확인된 원인이 정말로 문제의 뿌리 원인인지를 끊임 없는 묻는 것이다. 여러분은 이미 어떤 문제의 원인을 파악했다는 생각으로 스스로를 기만하기 쉽다. 예를 들어보자. 피고용자들이 컴퓨터마다 데이터 잠금 장치를 한다면, 여러분은 과도한 데이터 보안을 문제로 파악할 수 있다. 그렇지만, 그 문제를 좀 더 파고들어가 보면, 철저한 보안장치의 필요성이 발생한 것은 조직 내의 두 집단이 거의 동일한 정보를 요구하고 사용하기 때문임을 발견할 수도 있다. 그 문제를 좀 더 깊이 따져 보면, 또 다른 결론에 도달할 수도 있다. 즉 진정한 원인은 정보시스템이 분산되어 있다는 것, 혹은 조직 내의 두 집단이 동일한 업무 과정을 수행하고 있다는 것일 수 있다. 문제의 뿌리 원인을 해명하기 위해 반드시 지켜야 할 으뜸 규칙은, ‘처음 확인된 원인에 머물지 말라’는 것이다. 원인의 원인을 찾아야 한다.

  여러분은, 직원들로부터 얻은 정보, 과정 지도를 그리는 동안 작성한 메모, 혹은 업무시스템 분석을 위한 팀 회합과 토론활동에서 작성한 메모들을 가지고, 생선가시 도표를 그릴 수 있다.

[연습 24]

  도표 13의 생선가시 도표를 계속 이어서 만들어 보라. 어떤 부가적 원인들을 더 생각해 볼 수 있는가?

---

6. 인과 순환 도표

과정 지도와 생선가시 도표만을 가지고도, 여러분은 업무과정 내의 어디에 비능률이나 문제점이 있는지를 파악할 수 있다. 그렇지만 이런 도구들은, 어떤 조직 내에서 한 과정이 다른 과정들과 어떻게 상호작용하면서 서로에게 영향을 미치는가를 보여주지는 못한다. 이러한 종류의 분석을 위해서는 전혀 다른 접근법이 필요하다. 메사추세스 공대(MIT)의 피터 센지(Peter Senge)와 그의 동료들은 이런 목적을 위해 시스템 공학기술(Systems Dynamics Techniques)을 발전시켰다. 그들이 만든 인과 순환 도표는, 시스템의 관점에서 조직 내 다양한 과정들 사이의 관계들을 파악하여 조직의 문제점을 진단하고 조직의 변화를 도모하는 데 도움을 준다.

인과 순환 도표 : 인과관계의 순환적 본성을 도표로 표시한 것.

인과 순환 도표는 원인과 그 결과를 표시한다. 과정 지도에서는 도표 상의 이름들이 행동을 지시하고, 따라서 동사형으로 결정되는 반면에, 인과 순환 도표 상의 이름들은 원인을 지시하며, 따라서 명사형으로 결정된다. 이 이름들은 하나의 타원 혹은 여러 타원들의 원주 선상에서 서로 연결되는데, 이 연결성은 인과관계의 순환적 본성을 보여준다.

인과 순환 도표를 준비하려면 다음과 같은 절차를 따라야 한다.

1. 확인된 문제점을 선택한다(예컨대, 파일 이용자들이 요청한 파일을 기록관리부서로부터 얻을 수 없다).
2. 그 문제점을 원주 상에서 위쪽에 놓을 것인지 아래쪽에 놓을 것인지를 결정한다. 예컨대 이용자들이 열람 요청 파일을 얻을 가능성이 줄어들고 있다면, 그 문제점을 종이의 아래쪽에 기재한 후, 그 문제점으로부터 위로 향하거나 아래로 향하는 화살표를 그린다.
3. 이 문제의 영향이나 결과를 다음 단계에 표시한다. 예컨대, 파일 이용자들이 열람 요청한 파일을 얻는 가능성이 줄어들 때, 그 결과는 기록관리부서에 대한 파일 이용자들의 불신이 증가한다는 것 등등.

원래의 문제점으로 되돌아올 때까지, 이런 인과 관계를 두 세 번 반복하여 표시한다. 예를 들어보자. 파일 이용자들이 열람 요청한 파일을 얻는 가능성이 줄어든다… 기록관리부서에 대한 파일 이용자들의 불신이 증가한다……. 파일 이용자들이 파일을 기록관리부서로 돌려주기보다 자신들의 부서 내에 보관하려고 한다…. 기록관리부서는 파일이 회수되지 않고 이용자의 부서에 보관되기 때문에 파일을 제 자리에 놓을 수 없다…. 파일 이용자들이 열람 요청한 파일을 얻을 가능성이 줄어든다.

이를 인과 순환 도표로 그린 것이 도표 14이다. 이 도표는 두 개의 상이한 업무 과정, 즉 파일에 대한 열람 요청을 처리하는 과정과 파일 대출을 추적하는 과정이 어떻게 상호 작용하는지를 보여준다. 두 과정이 상호 작용하여 악순환의 고리를 형성하고 있는 것이다. 인과 순환 도표는, 조직에 대해 파괴적인 숨은 패턴들을 드러낼 수 있다는 면에서, 강점이 있다. 위의 사례에서는, 조직 전체의 기록관리시스템을 불안정하게 만드는 패턴이 지속되어 온 것이다. 인과 순환 도표의 명료한 분석에서 도움을 받지 못한다면, 기록관리부서는 파일을 대출한 모든 부서들에 은닉된 파일들을 전력을 다해 추적함으로써 그 문제점을 무리하게 해결하려 들 수도 있을 것이다. 그러나 인과 순환 도표는 보다 근본적인 해결책을 제시한다. 즉 모든 파일들이 규정에 따라 기록관리부서로 반납되도록 함으로써, 그 악순환의 고리를 끊는 것이 보다 근본적인 해결책일 수 있다.

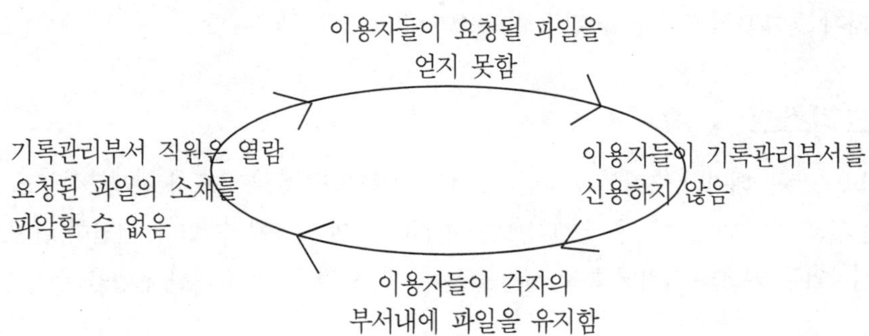

도표 14 : 인과순환 도표

[연습 25]

다음 진술을 인과순환 도표로 바꿔서 그려보자.
'인사관리 대장이 망실되어, 전산화된 인력관리시스템이 이를 대체하도록 위임되었는데, 그 프로젝트 시한이 너무 짧아, 관련 기록물이 기초 데이터로 완벽하게 이용될 수 있도록 정리할 시간이 없다. 따라서 급료지급 명부를 비롯한 추출 표본들을 기초 데이터로 이용할 수 밖에 없는데, 이는 전산관리시스템 상에서 데이터의 부정확성을 야기하며, 데이터베이스로는 이용자의 요구를 충족시키지 못하는 결과를 야기한다.'

7. 통계 분석 도구들

업무시스템 분석 프로젝트에서, 통계는 다음과 같은 작업에 이용될 수 있다.

- 문제점들의 우선순위를 매기는 일(예를 들어, 여러 업무과정에서 결과로 생산되는 기록물의 분량을 측정하면, 어떤 기록물이 먼저 처리되어야 할지를 결정하는 데 도움을 얻을 수 있다).
- 특정 업무과정에서 수행되는 작업량(예컨대, 하루에 처리되는 양식의 수)을 계량화하는 일. 이런 작업은 벤치마킹이라 불린다.
- 업무과정들에서 발생하는 오류의 유형들을 검토하는 일
- 계산 가능한 실행 목표들을 세우는 일(예컨대, 비현용기록물이 사무실 내에 차지한 공간의 크기를 감안하면, 이 기록물에 대한 보관 일정의 실행은 사무실 공간의 크기를 그만큼 늘리게 될 것이다).
- 실행 목표들이 충족되었는지 여부를 결정하는 일

몇 가지 통계분석 도구들을 간략하게 소개해 보기로 하겠다.

체크리스트

체크리스트는 데이터 수집에 유용한 도구이다. 체크리스트의 용도가 통계분석 도구로 한정되는 것은 아니지만, 그것은 통계 정보를 편집하는 데 이용될 수 있다. 간단히 말해, 체크리스트는 업무 과정과 관련된 특정 사건들(문제, 활동, 업무 등)에 대한 관찰을 추적한 목록이다.

활 동	첫째 날	둘째 날	셋째 날	넷째 날	다섯째 날
파일 열람요청건수	50	75	60	70	20
대출에 소요된 평균시간	8	6	8	5	2
열람요청 파일의 처리건수	45	60	55	20	10

도표 15 : 체크리스트

체크리스트에 집약된 정보는, 여러 가지 통계분석 도구들 중 하나를 사용해서 도표나 그래프로 작성될 수 있다. 여기서 사용되는 도구는 크게 두 범주 중 하나에 속한다. 즉 그

도구는 1) 기술(記述)적인 것과 2) 관계를 보여주는 것으로 나뉜다.

파레토 도표

파레토 도표는 기술적인 통계분석 도구로, 문제나 사건들의 상대적 중요성을 나타냄으로 써, 그 우선순위를 결정하거나, 그 개선정도를 점검하거나, 그 뿌리 원인들을 확인하는 데 사용된다. 파레토 도표를 준비하기 위해서는,

1. 그래프로 표시할 문제나 사건을 선택한다.
2. 비교 기준이나 측정 단위를 선택한다.
3. 데이터를 모은다(예컨대 체크리스트를 이용할 것).
4. 나머지 다른 범주들과의 관계 속에서, 각 범주의 데이터를 비교한다.
5. 대문자 'L'을 그린다.
6. 'L'의 수평축 위에는, 범주들을 논리적 순서에 따라 왼쪽에서 오른쪽으로 열거한다.
7. 수직축 위에는, 측정 단위들을 열거한다.
8. 각 범주에 대해 사각기둥을 그린다. 각 카테고리에 해당하는 측정단위의 높이까지 그 린다.

도표 16의 파레토 도표는, 기록관리부서의 네 접수처가 편철작업을 위해 일정 기간 동안 각기 접수한 서류의 숫자를 보여준다.

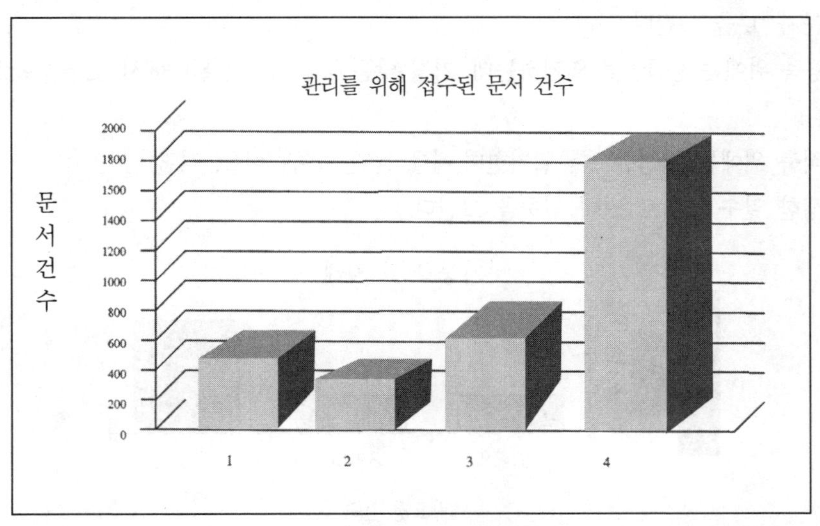

도표 16 : 파레토 차트

기둥 도표

　기둥 도표는 또 하나의 기술적인 통계분석 도구이다. 이 도구는 문제점들이나 사건들 전체에 대해 각각의 상대 빈도를 표시하고자 할 때 사용된다. 파레토 도표와 마찬가지로, 기둥 도표는 문제의 우선순위를 결정하거나, 개선정도를 측정하거나, 뿌리 원인들을 확인할 때 사용될 수 있다. 기둥 도표를 준비하기 위해서는,

1. 도표로 그려야 할 문제나 사건들을 선택한다.
2. 데이터를 수집한다(예컨대, 체크리스트를 이용할 것).
3. 데이터를 몇 개의 등급으로 분류한다. 가령 세 등급으로 분류하려면, 가장 높은 수치(75)에서 낮은 수치(20)를 빼고, 이를 등급의 수효(3)로 나눈다. 그 값은 18이 될 것이다. 따라서 그래프의 계측 단위는 18씩 증가하는 식으로 나뉘게 될 것이다. 5일 동안 측정된 하루 당 파일 열람요청 건수를 예로 들자면, 다음과 같은 등급으로 분류될 것이다.

<table>
<tr><td>하루 당 열람 요청</td><td>등급</td></tr>
<tr><td>제 1일= 50</td><td>등급 1= 20-37</td></tr>
<tr><td>제 2일= 75</td><td>등급 2= 38-56</td></tr>
<tr><td>제 3일= 60</td><td>등급 3= 57-75</td></tr>
<tr><td>제 4일= 70</td><td></td></tr>
<tr><td>제 5일= 20</td><td></td></tr>
</table>

4. 대문자 'L'을 그린다.
5. 수평축 위에는 등급들을 열거하는데, 가장 낮은 등급(1)부터 왼쪽에서 오른쪽으로 열거한다.
6. 수직축 위에는 발생빈도를 열거한다(예를 들면, 하루, 이틀, 사흘).
7. 발생한 일수 높이로 막대 기둥을 그린다.

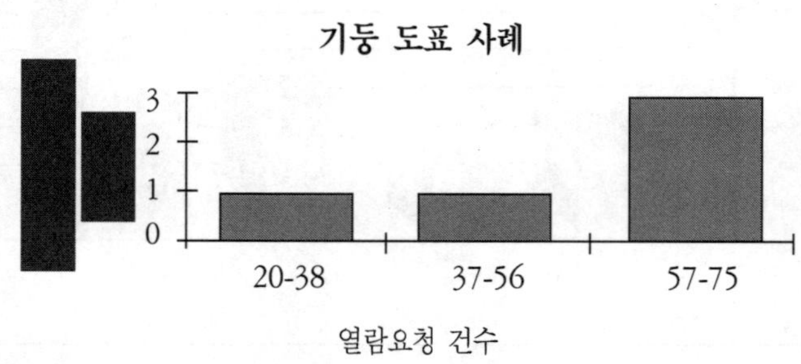

도표 17 : 기둥 도표

분산 도표

  분산 도표는 두 변수 사이의 관계를 보여주기 위해 이용되는 통계분석 도구이다. 이
도구를 사용하면, 두 변수가 어떻게 연관되어 있는지, 한 변수가 다른 변수의 원인인지를
결정할 수 있다. 이 도표는 수집된 두 쌍의 데이터를 함께 다룬다. 분산 도표를 준비하기
위해서는,

1. 서로 연관되어 있는 것 같은 두 문제나 두 사건에 관해 데이터를 수집한다(체크리스트를
   이용할 수 있다). 어떤 파일의 대출을 결재하는 데 걸리는 시간과 열람 요청된 파일을
   대출하는 데 걸리는 시간 사이에 어떤 관계가 있는지를 결정하고 싶다면, 일정 기간 동안
   처리된 모든 열람요청 건에 대해 그 두 변수의 정보를 수집할 필요가 있다.
2. 대문자 L을 그린다.
3. 수평축에는, 첫 번째 변수의 빈도나 양을 열거한다(예를 들면, 열람 요청된 파일 한 개를
   대출하는 데 걸리는 시간).
4. 수직축에는 두 번째 변수의 빈도나 양을 열거한다(예를 들면, 한 사람의 이용자에게 대출
   되는 기간).
5. 측정 기간 동안 발생한 매 사건에 대해, 두 변수를 도표 상에 점으로 표시한다.
6. 그 두 변수가 얼마나 밀접하게 연관되는지를 결정하려면, 도표 19의 상관관계 유형들을
   이용한다.

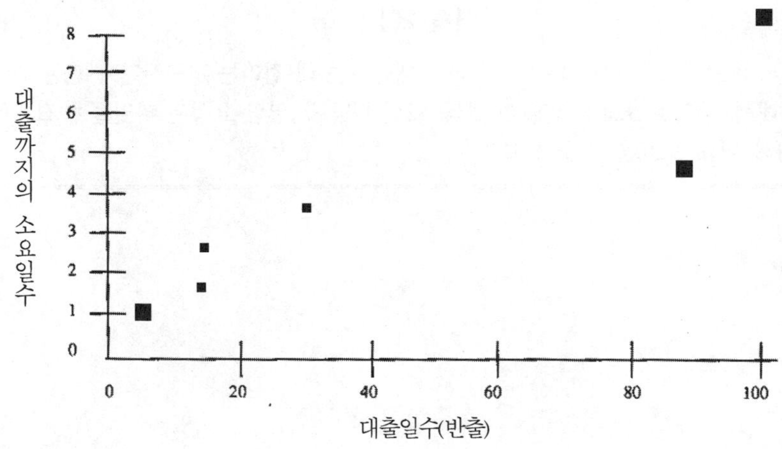

도표 18 : 분산 도표

출전 : William G Sigmund, *Business Research Methods*, 4th ed. (Fort Worth, TX: Dryden Press, 1994). p.552.

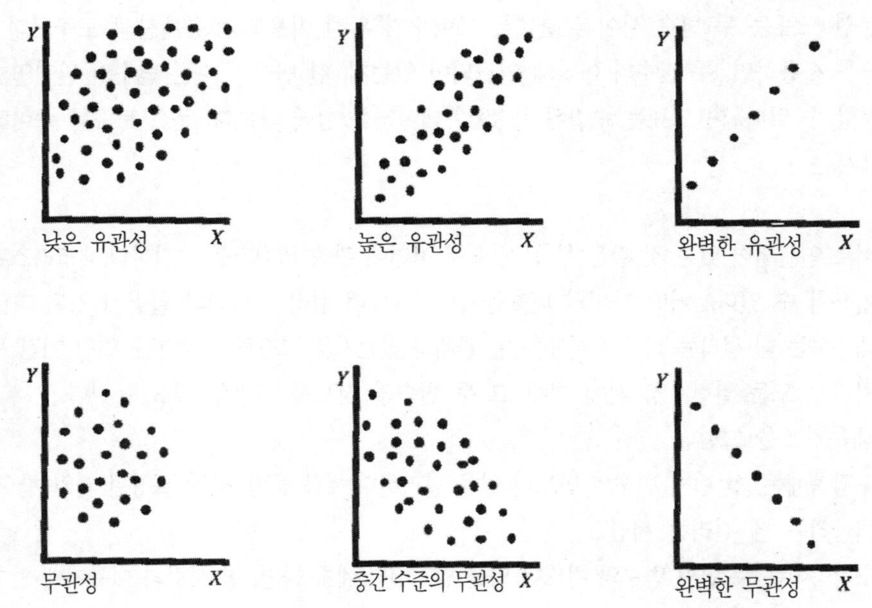

도표19 : 분산도표에서 상관성 유형

출전 : William G Sigmund, *Business Research Methods*, 4th ed. (Fort Worth, TX: Dryden Press, 1994). p.552.

[연습 26]

도표 15의 체크리스트에서 제시된, 한 파일 대출하는 데 걸리는 평균시간에 관한 데이터를 이용해서, 파레토 도표를 만들어 보라. 그런 다음에, 열람 요청된 파일들을 결재한 건수에 대해 막대 도표를 만들어 보라.

요약

  본 과목은 업무시스템 분석 프로젝트를 수행하는 데 사용될 수 있는 여러 기술 및 도구들을 기술하였는데, 다음과 같은 것들이 포함된다.

- 간트 차트
- 관계 일람표
- 과정 지도 그리기
- 흐름 차트 그리기
- 생선가시 도표
- 인과 순환 도표
- 통계분석
- 체크리스트
- 파레토 차트
- 기둥 도표
- 분산 도표

학습과제

1. 본 과목에서 논의된 다음 도구들을 하나씩 설명해 보라.
   - 관계 일람표
   - 인과 순환 도표
   - 체크리스트
   - 기술적(記述的) 통계분석
   - 생선가시 도표
   - 간트 차트
   - 막대 도표
   - 파레토 도표
   - 과정 지도
   - 흐름 차트
   - 분산 도표
   - 통계 분석

2. 업무시스템 분석 프로젝트의 어떤 대목에서 간트 차트를 이용할 수 있는가?

3. 업무시스템 분석 프로젝트를 수행할 때, 브레인스토밍(brainstorming)은 어떤 목적에 기여할 수 있는가? 이 기술은 언제 유용하게 이용될 수 있는가? 그것의 불이익은 무엇인가?

4. 여러분은 여러 방식으로 조직 환경을 범주화하고 분석할 수 있다. 어떤 방식들이 있는가?

5. 업무시스템 분석 프로젝트에서 관계 일람표를 작성하는 목적은 무엇인가?

6. 여러분은 얼마나 세부적인 수준(몇 번째 수준)에서 과정 지도를 작성해야 하는가? 이유는 무엇인가?

7. 여러분은 언제 흐름 차트를 준비하는 것이 좋은가?

8. 업무시스템 분석 프로젝트에서 생선가시 도표는 언제 이용될 수 있나?

9. 인과 순환 도표는 과정 지도나 생선가시 도표와 어떻게 다른가? 그 도표는 업무시스템 분석 프로젝트에서는 무슨 용도로 사용될 수 있는가?

10. 여러분은 왜 업무시스템 분석 프로젝트에서 통계 분석을 이용하는가? 통계분석 도구들은 어떤 범주들로 나뉘어지는가?

11. 다음의 통계분석 도구들은 어떤 목적에서 이용될 수 있는가?
- 체크리스트
- 파레토 도표
- 막대 도표
- 분산 도표

연습 : 조언

연습 21

사실 간트 차트는 작업 일정을 도표로 그린 것에 지나지 않는다. 그것은 무엇이 수행될
필요가 있는가, 그것을 수행하는 데 시간이 얼마나 걸리는가, 각 활동이 어떤 순서로 수행
되어야 하는가 등을 표시한다. 제6과에서 제시된 참고 자료들 중에는, 간트 차트의 작성에
관한 보다 많은 정보가 포함되어 있다.

연습 22

분류 과정을 예로 들어 보자. 관계 일람표는 분류 과정에 관련된 여러 활동들을 일람하는
데 도움을 준다. 각 문서를 그것이 속한 파일 범주에 따라 구분하는 활동, 파일 번호를 부여
하는 활동, 문서를 파일 번호에 따라 적합한 파일에 위치시키는 활동 등이 그렇다고 하겠다.
이러한 활동들로부터 생산되는 기록물에는 분류(정리) 매뉴얼과 파일 목록/색인이 포함된
다. 화살표는 관계를 표시한다. 예컨대, 파일 번호를 부과하는 활동과 그 번호를 찾을 때
이용되는 분류(정리) 매뉴얼 사이의 관계, 그리고 새로운 파일 번호와 업데이트되어야 할
파일 목록/인덱스 사이의 관계를 표시할 수 있다. 이상의 해설과 여러분이 작성한 도표와
비교해 보면 알 수 있을 것이다.

연습 23

과정 지도는 아래와 같이 작성될 수 있다. 그 활동의 출력요소로서 접수된 파일 열람
요청과 접수된 열람요청 양식이 추가될 수 있을 것이다.

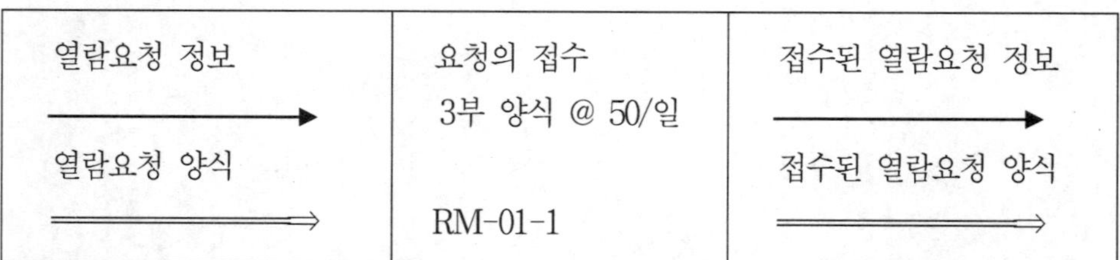

연습 24

예를 들어, 파일 보관 캐비닛의 수가 부족하다는 것은 파일 수의 증가가 원인일 수 있다.
이 뿌리 원인을 더 검토해 보면, 파일 수의 증가는 새 파일들이 더해지는 동안 기존 파일들

을 종결 처리(cut off)하지 않은 결과라는 것이 드러날 수 있다. 원인을 더 파고들어가 보면, 파일들이 종결처리 되지 않은 것은, 파일들이 언제 준현용기록물 보관소로 이관되거나 폐기처리 되어야 하는지를 명시한 처리 일정이 마련되지 않았기 때문이라는 것이 드러날 수 있다. 문제를 끝까지, 혹은 뿌리 원인에 이르기까지 파고든다면, 그 문제를 보다 풍부하게 이해할 수 있을 뿐만 아니라, 건전한 해결책을 확인하는 데에도 도움을 얻을 수 있다. 예를 들어, 최초의 반응은 파일 캐비닛들을 새로 구입하여 파일 캐비닛의 부족을 해결하는 것이었겠지만, 그 문제를 분석함으로써 다른 해결책을 파악하는 것이 가능해진다. 기존의 파일 캐비닛들에서 공간을 늘리기 위해 처리 일정을 마련하고 실행하는 것이 그것이다. 이 해결책은 조직의 재원 낭비를 막아 줄 수 있을 뿐만 아니라, 전반적인 능률을 향상시킬 수도 있다.

연습 25

아래의 인과 순환 도표는 이 진술이 어떻게 묘사될 수 있는지를 보여준다.

기초 데이터상의 난관

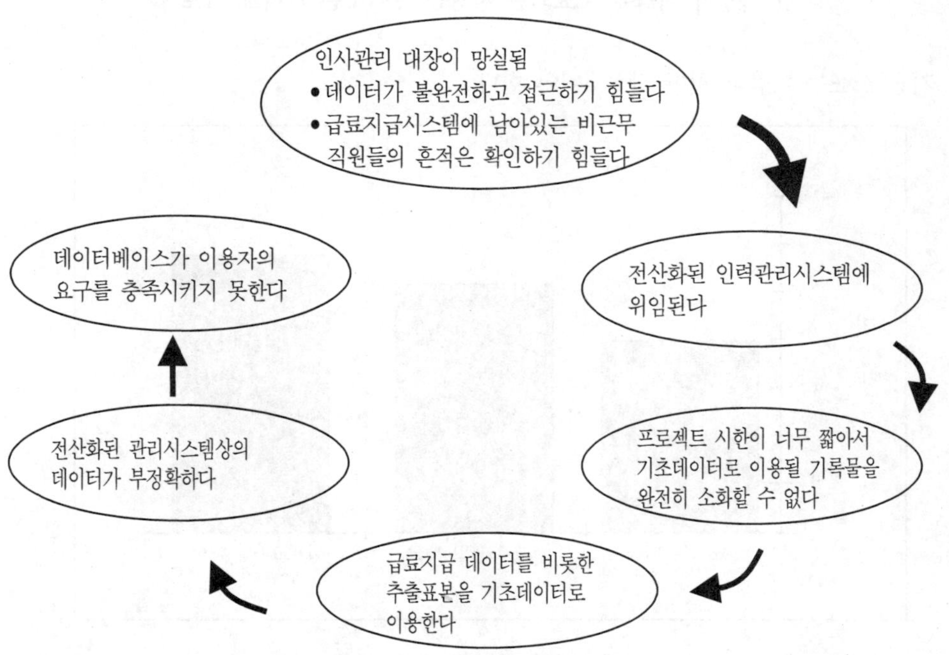

파레토 차트는 아래와 같이 작성되어야 한다.

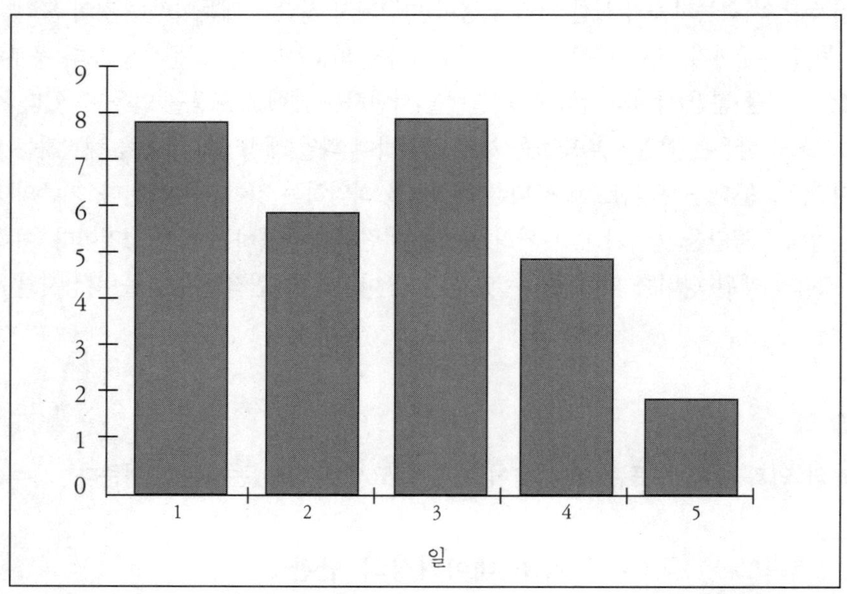

한 파일의 대출에 소요되는 시간을 보여주는 파레토 차트

기둥 도표는 다음과 같이 작성되어야 한다.

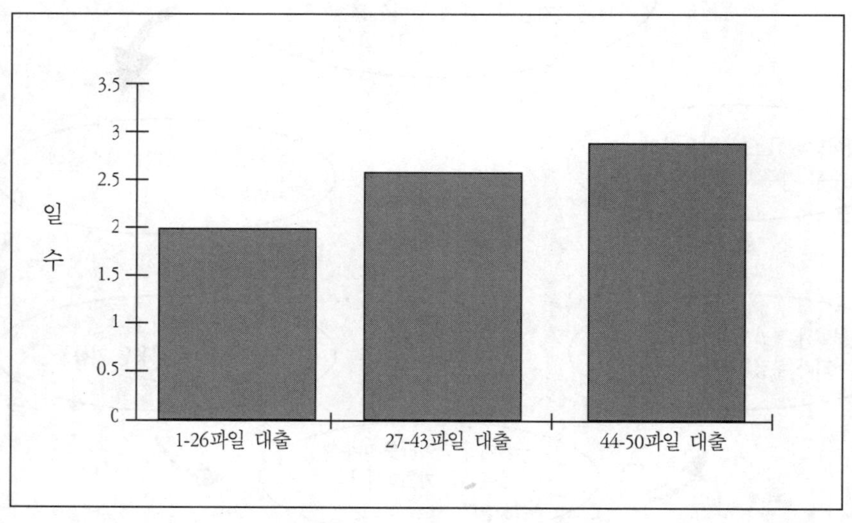

열람요청된 파일의 대출 빈도

관리상의 쟁점과 업무시스템 분석

앞의 두 과에서는 업무시스템 분석의 방법론을 소개했고, 업무시스템 분석의 수행에서 이용될 수 있는 몇 가지 기술과 도구를 논의했다. 그렇지만 이 두 과에서 논의된 방법론, 기술, 도구 등을 실제로 응용하는 것은 쉬운 일이 아니다. 프로젝트를 계획하고, 실행하고, 이에 수반되는 조직의 변화를 관리하려면 신중함과 창조성이 함께 요구되기 때문이다.

본 과에서는, 업무시스템 분석 프로젝트의 성패를 가름하는 요인들 중 가장 빈번한 몇 가지를 논의하고자 한다. 본 과는 어떤 종류의 업무시스템 분석에 착수할 때에든 반드시 고려해야 할 관리상의 쟁점들을 검토하면서, 가능한 위험들과 함께 이 위험들을 피할 수 있는 방안을 제시할 것이다.

물론 여러분이 위험 영역들을 모두 피할 수는 없다. 그러나 여러분이 프로젝트의 출발점에서 위험을 확인하고, 그 위험을 최소화할 전략들을 채택하여, 프로젝트 수행기간 동안 그 전략들이 제대로 효과를 발휘하는지를 꾸준히 점검한다면, 여러분이 성공할 가능성은 그만큼 높아진다고 할 수 있다.

본 과를 마친 뒤에, 여러분은 다음과 같은 것들을 이해할 수 있어야만 한다.

- 업무시스템 분석 프로젝트의 실패를 초래할 수 있는 위험 영역들, 그리고 어떻게 그 영역들을 최소화할 것인가?
- 적정한 분석 수준을 선택하는 것의 중요성
- 상위 관리진의 지원의 중요성
- 의사소통의 중요성
- 업무시스템 분석에 참여할 인원을 효과적으로 선발, 관리하는 것의 중요성
- 변화를 효과적으로 관리하는 것의 중요성

1. 분석의 수준

업무시스템 분석 프로젝트에서 여러분이 분석 과정이나 수준을 잘못 선택한다면, 성공을 기약할 수 없다. 예컨대, 프로젝트의 범위가 너무 좁다면, 그 프로젝트는 기대된 이익을 낳을 수 없다.

가령 여러분이 속한 영구기록보존소의 운영을 분석해 달라는 요청을 받았다고 하자. 그리고 그 이유가 피고용인들의 성과 수준이 낮기 때문이라고 치자. 이 경우에, 여러분이 영구기록보존소의 운영에서 인적 자원관리의 측면에로만 분석 범위를 한정한다면, 여러분은 실수를 범하게 된다. 다른 요인들도 피고용자들의 낮은 성과에 영향을 미칠 수 있기 때문이다. 업무시스템 분석 프로젝트란 조직 전체에 대한, 그 조직을 구성하는 다양한 요소들에 대한, 그리고 한 시스템으로서의 그 조직이 작동하는 환경에 대한 분석을 두루 포함한다는 것을 잊지 말아야 한다.

그렇지만 기록관리자들과 아키비스트들은 업무시스템 분석 프로젝트의 범위를 결정함에 있어 여러 한계에 봉착할 수 있다. 제2과에서 다루었듯이, 업무 과정들이 여러 조직이나 여러 기능에 걸쳐 있을 때 특히 한계에 부딪칠 수 있다. 이러한 한계를 감안하면, 기록관리자와 아키비트스가 업무시스템 분석 프로젝트의 범위를 무턱대고 이상적으로만 결정할 수는 없는 일이다. 가능한 한 넓게 잡을 수만은 없다는 뜻이다. 프로젝트는 기록관리자나 아키비스트가 직접 책임지고 운용하는 영역으로 한정될 수밖에 없을 수도 있다.

일반적으로 말해, 프로젝트 책임자의 권위가 크면 클수록, 프로젝트의 범위도 그만큼 넓어질 수 있다. 기록관리자나 아키비스트의 권위로는 자신이 바라는 만큼의 범위를 분석할 수 없더라도, 보다 광범위한 권위를 가진 인사들이나 분석될 기능 영역들의 책임자들로부터 지원을 받을 수 있다. 그렇지만, 상황의 유리함과 불리함, 범위를 넓혀서 얻을 수 있을 이익, 성공 가능성 등을 저울질하여, 적절한 행동방향을 결정하는 것은 기록관리자나 아키비스트의 몫이다.

[연습 27]

업무시스템 분석 프로젝트를 너무 좁게 정의할 때 수반되는 위험을 최소화할 수 있는 방안을 두 가지 이상 열거해 보라.

---

2. 고위 관리진의 지원

업무시스템 분석에서 고위 관리자들의 지원은 매우 중요하다. 그것은 기록관리자나 아키비스트가 업무시스템 분석의 범위를 결정할 때 종종 봉착하는 영향력의 한계를 극복하는 수단 중의 하나이다. 고위 관리자들은 권위를 상대적으로 폭넓게 행사하기 때문에, 프로그램 관리자들도 프로젝트에 참여하여 함께 문제를 분석하는 조건을 조성해줄 수 있다.

프로젝트 활동을 수행하는 데 필요한 모든 (인적, 재정적, 기술적) 자원들을 얻기 위해서도, 고위 관리자들의 승인은 필수적일 것이다. 공공부문 개혁처럼 주요 조직의 변화와 관련된 업무시스템 분석의 경우에는, 그 변화에 대한 수용적 태도를 배양하기 위해서도 고위 관리자들의 지원은 중요하다. 업무시스템 분석 프로젝트가 야기하는 변화는 정착되는 데 다소 시간이 걸리므로, 고위 관리자들은 긴 시간 동안 그 프로젝트를 지원할 준비가 되어 있어야 한다(예컨대, 2-5년). 만일 프로젝트에 대한 고위 관리진의 지원이 없다면, 프로젝트를 아예 시작하지 않는 편이 낫다.

[연습 28]

본 모듈의 여러 연습을 수행하기 위해 여러분 스스로 설정한 업무시스템 분석 프로젝트에서는, 어떤 사람들로부터 그 프로젝트의 승인을 얻어야 하는가? 여러분의 조직 내에서 여러분이 승인을 구해야 할 인물들을 (이름이 아닌 직위에 의해) 확인해 보라. 왜 그 직위를 선택했는지도 간단히 적어두자.

3. 의사소통

업무시스템 분석 프로젝트의 성공을 위해 또 하나의 중요한 요소는 의사소통이다. 프로젝트 책임자와 관리자가 (그 프로젝트와 직접 관련되지는 않은) 구성원들에게 프로젝트의 목표와 진척에 관한 정보를 충실하게 제공하지 못한다면, 그 프로젝트는 실패할 공산이 크다. 프로젝트 추진단 외부와의 의사소통이 부적절하면, 이는 프로젝트 참여자들을 조직 전체의 나머지 구성원들로부터 고립시키게 된다. 그런 상황에서는, 프로젝트 책임자와 관리자가 프로젝트의 지속에 대한 외적 지원을 유지하는 것이 그만큼 어려워진다. 뿐만 아니라, 프로젝트로 인한 조직의 변화에 대해 지원을 이끌어내는 것도 그만큼 어려워진다.

그러므로, 조직 전체에 대해 주기적인 교육훈련과 반성회의(awareness session)를 지속하는 것이 바람직하다. 직접 관련되지 않은 구성원들도 무슨 일이 일어나고 있는지를 충분히 이해하고 평가할 수 있도록 해주어야 한다. 프로젝트 관리자는 프로젝트 추진단 이외의 구성원들에게 프로젝트의 진척상황을 정기적으로 전달해야 할 책임도 진다. 메모의 형식을 취하든, 회의나 방문의 형식을 취하든, 정례 보고는 수신자의 이익에 초점을 맞추어야 하며, 그 이익을 실질적인 측면에서 묘사해야 한다.

[연습 29]

프로젝트의 목적과 목표를 조직 전체에 전달할 수 있는 방안 세 가지를 열거해 보자.

4. 프로젝트 추진단 선발

프로젝트 추진단을 선발하고 관리하는 것은, 프로젝트의 성패를 좌우할 수 있다. 흔한 실수로는, 프로젝트에 포함되어야 할 사람을 배제하는 경우를 들 수 있다. 모든 이해당사자들, 즉 프로젝트의 결과에 이해관계가 걸려 있는 사람들은, 비록 그들이 각 단계에 충실하게 참여할 수는 없는 경우라 할지라도, 모두 포함되어야 한다.

프로젝트에 투입된 개개인이, 조직의 현재 운용상 비능률적이거나 남아도는 인원이기 때문에 투입되는 경우도 있다. 이것은 특히 우선순위에서 밀린 프로젝트에서 흔한 발생하는 문제로, 이 경우에도 역시 인적 자원 관리의 문제가 발생할 수 있다. 이런 일이 일어나지 않으려면, 고위 관리진이 사전에 그 프로젝트의 전략적 중요성을 이해하고, 그리하여 프로젝트 수행을 위해 최상급 직원을 할당하여 지원하겠다는 준비가 되어있어야만 한다.

> 프로젝트 팀 구성에 관한 보다 상세한 정보는, 『기록관리의 전략계획』(*Strategic Planning for Records and Archives Services*)을 참조할 것.

프로젝트에 최상급 직원들을 투입한다 하더라도, 그들이 프로젝트에 효과적으로 참여하여 성공적인 결과를 달성하는 데 필요한 기술들을 갖추지 못한 경우도 있다. 프로젝트 관리자는 프로젝트 참여자들에게 요구되는 기술들을 확인하고, 각 개인의 기술 수준을 평가하여 부족한 기술을 훈련시켜야 할 중요한 책임이 있다. 업무시스템 분석 프로젝트에 참여한 개인들은, 최소한 프로젝트 관리, 업무시스템 분석의 방법과 도구와 기술, 분석되어야 할 조직 등을 알아야 한다. 그들의 지식은 기록물/정보 관리 분야, 정보기술 분야 등 관련 전문 분야의 전문기술적 지식에 의해 보충될 수도 있다.

업무시스템 분석 프로젝트, 특히 업무과정개편(BPR)과 관련된 프로젝트는, 장기간 지속될 수 있다. 그처럼 장기적인 프로젝트 기간 동안, 프로젝트 추진단이 동일한 인원으로 남아있기는 힘들다. 프로젝트 관리자는, 프로젝트의 핵심 인원이 프로젝트 팀을 떠날 때 발생할 수밖에 없는 공백을 관리할 수 있도록 준비해야 한다. 첫째, 팀원의 교체는 프로젝트의 세부내용과 진척 정도에 따라 신속하게 이루어져야 한다. 둘째, 더욱 중요한 것은, 새 팀원이 기존 프로젝트 추진팀의 가치며 행동방식 등에 쉽게 적응하여 새 팀원으로서 효과적으로 기능할 수 있어야 한다는 점이다.

프로젝트가 연장될 경우, 연장된 기간 동안 프로젝트 참여자들의 헌신을 유지하는 일 역시 어렵다. 그렇지만 이러한 헌신을 유지하는 것은 프로젝트의 성공적인 완결을 위해 매우 중요하다. 그렇지 못하면, 프로젝트 참여자들의 창조적 에너지가 소진될 것이다. 창조적 에너지는 문제를 확인하고 해결책을 마련함에 있어 중요하지만, 그 에너지가 없으면, 프로젝트가 마련한 대안들을 적극적으로 실행에 옮기는 것도 불가능하다.

프로젝트의 목적, 목표, 이익 등을 명료하게 정의하면, 무기력감을 막는 데 도움이 될 수 있다. 프로젝트 참여자들이 프로젝트의 목표에 대한 명료한 전망을 가지고 그것이 조직과 자신들에게 얼마나 이익을 줄 것인지를 파악할 수 있을 때, 그들은 시행착오나 지연에도 불구하고 기꺼이 더욱 일관된 자세를 견지할 수 있을 것이다. 프로젝트 책임자와 관리자는 솔선수범에서도 중요한 역할을 한다. 만일 프로젝트 책임자나 관리자가 추진력을 결여하면 다른 참여자들도 그렇게 될 것이다. 헌신과 열정은 일종의 전염병이다.

업무시스템 분석에서 인적 자원이라는 요소는 과소평가되기 쉽다. 그 프로젝트를 추진하면서도, (특히 대안을 실행하는 단계에서조차도) 동시에 정상 가동을 유지해야 한다는 것은, 일종의 도전임이 분명하다. 이러한 도전은 프로젝트 참여자에게는 물론, 그 프로젝트의 대상이 되고 있는 기능 영역들(프로그램들)의 구성원들에게 무거운 짐이 될 수 있다. 이것은 불가피한 부담이지만 경감될 수 없는 것은 아니다. 직원들이 우선순위가 낮은 업무나 회의에 통상 빼앗기던 시간을 면제해주는 방안도 생각해볼 수 있다.

예를 들어, 프로젝트 참여자들이 프로젝트 팀 회의에 참석하거나 프로젝트 사업에 몰두할 수 있도록 시간을 벌어주려면, 여러분은 정기적으로 개최되는 모든 직원 회의를, 프로젝트 기간 동안 취소하겠다고 결정을 내릴 수 있다. 참여자 외의 다른 직원들은 그 자유로운

시간을 이용해서, 프로젝트 참여자들이 시간이 없어 수행하지 못하는 정규 업무를 보충해
줄 수 있을 것이다.

　여러분이 분석하고 있는 기능 영역(프로그램)의 고객들에 대해서도 알릴 것을 알려야 한
다. 그래야만, 그들은 프로젝트로 인해 해당 조직이 과도한 짐을 안고 있다는 것을 이해할
수 있을 것이기 때문이다. 프로젝트가 완결되었을 때 그들이 기대해도 좋을 이익이라는 견
지에서 고객들을 설득하면, 대체로 그들은 그 프로젝트가 야기할 수 있는 단기간의 불편함
을 기꺼이 받아들이기 마련이다.

[연습 30]

　기록관리부서를 개편하는 프로젝트에, 여러분은 어떤 이해당사자들을 포함시키고 싶
은가? 왜 그런가?

5. 변화의 관리

　업무시스템 분석 프로젝트는, 어떤 종류의 변화든 조직의 변화를 도모할 필요에서 시작
될 때가 많다. 프로젝트의 책임자와 관리자와 참여자는 모두 변화에 대한 저항을 예측하여,
이에 대처할 준비를 갖추어야 한다. 그렇지만 무슨 변화든 그것이 자신에게 유익함에도 저
항할 사람은 없을 것이다.

　변화에 의해 영향을 받을 사람들이 그 변화가 그들에게 이익이 될 것을 확신하도록 하기
위해서는, 두 가지의 핵심 전략이 요구된다. 하나는 프로젝트에 참여토록 하는 것이고, 다
른 하나는 프로젝트에 관해 의견을 교환하는 것이다. 모든 이해당사자들이 참여한다면, 시
스템상의 문제 해결과정에서 수반될 수밖에 없는 조직의 변화를 보다 쉽게 수용할 수 있을
것이다. 변화의 영향을 받을 사람들과 변화를 실행할 사람들이 서로 도와가면서 아이디어
를 낸다면, 양편은 모두 그 아이디어를 자신의 것으로 여겨 기꺼이 수용할 수 있을 것이다.

　그렇지만 프로젝트의 영향을 받는 사람들을 모두 포괄하는 것이 불가능할 때도 많다.
이런 경우에는, 제안된 변화들이 조직 내의 모든 사람에게 얼마나 이익이 될 것인지를 설명
한다면, 중요한 의사소통 수단이 될 수 있다. 또한 이익을 기술할 때에는, 구체적이고, 실질
적이고, 전문적인 형식을 취하는 것이 바람직하다.

　업무시스템 분석 프로젝트로 인해 발생하는 조직 내 변화들은, 잔잔한 호수에 던진 돌이

파문을 일으키듯이 번져나갈 때가 많다. 조직 내 한 모퉁이에서의 변화는 종종 다른 부분들에서의 변화를 필연적인 것으로 만든다는 말이다. 조직이란 서로 얽혀 상호 작용하는 요소들로 구성되기 때문에, 한 영역에서의 변화가 다른 영역에 미칠 수 있는 영향들을 충분히 고려해야만 한다.

예를 들어 보자. 조직의 사명과 지도 원리를 재정의하면, 그 조직의 구조와 기능들은 그 새로운 사명에 맞추어 바뀌게 된다. 그렇게 되면, 피고용자를 충원하는 옛 방식은 조직의 새로운 상황에 더 이상 들어맞지 않는다. 파문 효과를 예상하거나 제대로 설명하지 못하면, 업무시스템 분석으로 아무 이익도 얻지 못하는 것이 가장 작은 손해요, 최악의 경우에는 조직 내에 새로운 문제를 야기할 수도 있다.

프로젝트 실패의 또 다른 원인으로는, 참여자들이 '성취할 수 있는 것보다 더 많은 일을 하려고 하는' 경향을 들 수 있다. 그들은 너무 많은 업무 과정들을 한꺼번에 개편하려 들 수도 있다. 조직의 여러 가지 문제점과 해결책들을 확인하고 나면, 그들은 조직의 운영에 대해 너무 많은 변화들을 한꺼번에 시도할 수도 있다. 이런 상황에서는, 프로젝트는 곧 관리할 없을 만치 확대될 뿐만 아니라, 그 성공 자체가 위협을 받게 될 것이다.

한꺼번에 너무 많은 일이 진행될 때, 프로젝트 관리자는 프로젝트의 진척을 통제하기 힘들어진다. 그 결과 변화는 충실하고도 적절하게 진행될 수 없을 것이다. 이로 인해 변화의 파장에 대해 부정확한 결론에 도달하는 것은 물론, 프로젝트 참여자와 프로젝트 관련자 모두가 지금까지 진척된 사업에 대한 신뢰를 잃기까지 할 수 있다. 프로젝트의 범위를 정할 때, 프로젝트의 실현가능성에 대해 예비적인 검토가 조심스럽게 수행되어야 한다. 실행 단계 동안, 한 번에 한 가지씩 변화를 시도하는 것, 즉 한 업무과정이나 하나의 기능영역으로 변화를 제한하는 것이 바람직하다. 그래야만 변화의 영향을 정식 절차 이전에 분석하는 것이 가능하기 때문이다.

> *변화의 관리에 관한 보다 상세한 논의는, 『기록관리의 전략계획』(Strategic Planning for Records and Archives Services) 을 참조할 것.*

업무시스템 분석 프로젝트는, 완결되지 못하거나 반쯤 끝난 상태로 남는 탓에, 그 이익을 충분히 실현하지 못할 때가 있다. 목표를 뚜렷하게 정한 적절한 프로젝트 계획은 완성 가능성을 높이겠지만, 계획 만으로는 프로젝트를 본궤도에 올려 놓을 수 없다. 프로젝트 관리자는 프로젝트가 계획된 대로 진척되도록 함에 있어 결정적인 역할을 수행한다. 프로젝트의 장애를 극복하기 위해서는 그 관리자는 이용할 수 있는 모든 수단을 이용해야만 한다. 고위 관리진의 지원을 얻어내는 일, 이해당사자들을 참여시키는 일, 의사소통을 원활하게 수행하는 일 등이 이에 포함된다. 이것은 큰 부담이기는 하지만, 프로젝트의 이익이 실현 단계에 있을 때 특히 시도할 가치가 있는 것이다.

[연습 31]

만일 여러분이 조직 내에서 주요한 변화를 착수하고 실행할 책임이 있다면, 그런 변화가 수용될 수 있도록 하려면 어떤 단계를 거치는 것이 좋은가? 적어도 세 단계를 개략적으로 서술하고, 왜 그런 조치들을 선택했는지를 설명해 보라.

요약

본 과에서는 업무시스템 분석 프로젝트에 수반되는, 관리의 문제들 중 몇 가지를 논의했다. 분석 수준을 정확하게 결정하는 일의 중요성이 강조되었다. 본 과목은, 프로젝트의 초점이 조직 내의 한 부서에 국한될 때조차도 분석 수준이 너무 좁아지지 않도록 하지 않으려면 어떤 전략들이 필요한가를 논의하였다. 프로젝트의 목표와 진척을 조직 전반에 알리는 것 못지않게, 고위 관리진의 지원 역시 업무시스템 분석 프로젝트의 성공에 중요한 요인임이 확인되었다. 프로젝트 추진단의 효과적인 선발과 관리 역시 중요하다는 것이 논의되었다. 추진단에 대해 교육훈련을 실시하고, 지도력을 발휘하고, 역할을 적절하게 배분하는 것 등도 업무시스템 분석 프로젝트의 성공적인 완수를 위해 한결같이 중요한 요소들이다. 마지막으로, 본 과목은 업무시스템 분석 프로젝트를 성공적으로 완수하기 위해서는 변화를 효과적으로 관리함이 얼마나 중요한가를 논의하였다.

학습과제

1. 여러분이 업무시스템 분석 프로젝트를 수행하면서 부딪칠 수 있는 관리의 문제들에는 어떤 것들이 있는가? 이 문제들 중에서 프로젝트의 기술적 측면과 관련된 것들은 몇 가지나 되는가? 프로젝트에서 인적 자원의 측면과 관련된 것들은 또 몇 가지나 되는가?

2. 여러분이 방금 확인한 관리의 문제점들 중에서, 여러분은 어떤 것이 더 관리하기 힘들다고 생각하는가? 기술면에서 잠재된 문제인가 아니면 사람 면에서 잠재된 문제인가? 어떤 문제가 업무시스템 분석 프로젝트의 성패를 가장 크게 좌우하는가?

3. 업무시스템 분석 프로젝트를 위해 고위 관리진의 지원은 왜 중요한가?

4. 업무시스템 분석 프로젝트의 성공을 위해 핵심 이해당사자들의 참여는 왜 중요한가?

5. 업무시스템 분석 프로젝트의 성패에서 의사소통은 어떤 역할을 수행하는가?

6. 업무시스템 분석 프로젝트를 수행하는 동안, 프로젝트 책임자나 관리자는 누구와 의사소통해야 하나?

7. 프로젝트 책임자는 무엇을 의사소통 수단으로 사용할 수 있는가?

연습 : 조언

연습 27

여러분이 프로젝트의 범위를 넓게 잡을 수 없을 때 발생하는 한계를 극복하기 위해서는, 여러분은 다음과 같은 점들을 고려해야 한다.

- 프로젝트의 범위를 넓히기 위해서는, 보다 폭 넓게 권위를 행사하는 고위 관리자의 지원을 요청할 수 있다는 것
- 프로젝트의 범위에 포함되는 특수한 기능 영역을 책임진 (프로그램) 관리자의 지원을 이끌어낼 수 있다는 것
- 분석에서 여러분의 통제 밖에 있는 영역들을 외부 환경의 일부로 포함시키고, 여러분의 통제 하에 있는 영역들에 대해서는 시스템 개편의 주도권에 초점을 맞춘다는 것

연습 28

업무시스템 분석 프로젝트에 고위 관리자들을 포함시키는 것은 매우 중요하다. 그 프로젝트는 다양한 기능 영역들을 책임진 (프로그램) 관리자들의 협동을 필요로 하며, 조직 전체가 보유한 자원들의 투입을 필요로 하기 때문이다. 업무시스템 분석 프로젝트의 범위에 속한 기능, 하위시스템, 업무과정 등의 모든 이해당사자들을 포함시키는 것 역시 중요하다.

연습 29

의사소통을 위해서는 다음과 같은 방법들이 이용될 수 있다.

- 조직 내의 다양한 집단이나 단위들에 대한 교육훈련이나 반성회의
- 메모나 뉴스레터 형식으로 프로젝트와 그 진척에 관해 홍보활동을 벌이는 것
- 조직 내 다양한 집단들이나 단위들에 대해 정기적인 회합이나 부서 방문활동을 벌이는 것

연습 30

기록관리부서의 전형적인 이해당사자들에는, 그 부서의 이용자들, 고위 관리진, 영구기록보존소 직원, 정보기술 직원 등이 포함된다. 그 부서의 이용자들을 포함시키는 것은, 그들이 기록관리부서의 업무 과정들에 대해 고객들이자 공급자들이라는 점에서 중요하다. 기록관리부서의 기능에 대한 그들의 요구들은 그 부서가 어떻게 개편되어야 하는지를 결정함

에 매우 중요한 요소라고 하겠다. 뿐만 아니라, 그 요구들이 어떻게 그 과정에 기여하여 변화를 야기할 수 있는지를 이해하는 것도 중요하다.

고위 관리자들이 포함되어야 하는 이유는, 업무시스템 분석을 수행하는 데 필요한 자원들에 대해 지원을 얻고, 또 그 분석으로 인해 필연적으로 발생하는 시스템의 변화들에 대처하기 위해서이다. 영구기록보존소의 직원들이 포함되어야 하는 이유는, 기록관리부서 내에서 장기적 가치를 지닌 기록물들을 확인하기 위해서이며, 또 그런 기록물들이 영구기록보존소 서고로 규칙적으로 이관되도록 해주는 메커니즘이 정착되도록 하기 위해서이다. 어떤 나라에서는, 국립기록보존소가 기록물의 순환 주기를 관리함에 있어 전반적인 책임을 가지고 있으며, 따라서 업무시스템 분석 프로젝트에 반드시 포함된다. 정보 기술 직원은, 프로젝트가 정보기술을 이용해 업무과정 처리를 개선하는 방법을 검토할 때, 혹은 현행 시스템들을 검토할 때, 반드시 포함되어야 한다.

연습 31

여러분은 전 구성원이 업무시스템 분석 프로젝트에 의해 야기된 변화가 그들의 작업조건을 개선하는 데 얼마나 기여할 수 있는지를 이해시킬 수 있어야 한다. 이것은 시스템 전체의 이해당사자들이 프로젝트에 참여토록 함으로써, 그리고 프로젝트와 그 진척을 조직 전체에 알림으로써 얻을 수 있다. 여러분은 '파문 효과' 역시 고려해야 한다. 즉 업무시스템의 한 측면이 변하면 시스템의 나머지 모든 측면들에도 영향을 미친다는 점을 고려해야 한다. 너무 방대한 변화, 혹은 너무 여러 가지의 변화들을 한꺼번에 시도하고 실행하지 않기 위해서도 주의를 기울여야 하겠다.

다음은 무엇을 할 것인가?

1. 업무시스템 분석에 대한 요약

본 모듈,『업무시스템 분석』은 처음 두 과에서는 업무시스템 분석이라는 주제의 이론적 측면들을 소개했다. 먼저 시스템 이론에 대한 개설적 논의로부터 시작해서, 그 이론이 실제 업무시스템 분석과 어떻게 연관되는가에 대한 논의로, 나아가서는 업무시스템 분석이 기록물 정보의 관리와 어떻게 연관되는가에 대한 논의로 진행했다. 뒤의 세 과는 업무시스템 분석의 실무적 측면들을 다루었다. 방법론, 기술, 도구, 그리고 관리상의 쟁점들에 대한 논의를 통해서, 다음과 같은 작업에 도움을 주고자 했다.

- 프로젝트의 계획과 관리
- 현안들의 확인과 프로젝트의 범위설정
- 데이터 수집
- 데이터 분석
- 해결책 설계
- 설계의 실행
- 성공의 평가
- 변화의 관리

2. 적용상의 우선순위 설정

본 모듈은 업무시스템 분석의 원리들과 실무들을 소개했다. 그러나 어떤 일을 먼저 수행해야 하는가? 어떤 일이 우선순위가 높고 어떤 일이 낮은가? 모든 기구는 각자 나름대로 현재의 발전 상태, 각자의 필요, 각자의 단기적, 장기적 계획에 따라, 서로 다르게 결정을 내린다. 그렇지만 각 기구가 그 나름의 상황에 맞게 업무시스템 분석을 수행하는 데 도움을 줄 수 있는, 조치의 우선순위를 권고하는 것마저 불가능하지는 않다.

아래의 사항은 제안으로만 고려하도록 하자.

우선순위 1 : 기능의 정립

여러분의 조직을 살펴보고, 어떤 기능과 활동이 수행되고 있는지를 결정한다. 처음에는 높은 수준에서 이를 행한다. 이 단계에서 여러분은 일정한 양의 배경 연구를 수행해야만 할 것이다. 그러나 그 이상을 행하려고 하지는 말아야 한다. 세밀한 데이터 수집은 프로젝트의 다음 단계를 위해 아껴두어야 한다.

우선순위 2 : 프로젝트를 설정

기능 및 활동에 대한 목록을 결정한 뒤에는 조치의 우선순위를 목록으로 작성한다. 첫번째 프로젝트의 경우에는 너무 복잡하지 않고 너무 많은 사람들이 연루되지 않은 활동을 선택하는 것이 좋다. 일단 업무시스템 분석에 필요한 기술들에 대해 자신감을 가지게 되면, 여러분은 더 방대하고 더 복잡한 프로젝트를 수행할 수 있다.

우선순위 3 : 사업의 정당화

작은 프로젝트의 경우조차도, 여러분이 왜 그것을 행하고 있는지, 그 이익은 무엇인지를 인식하는 것이 중요하다. 만일 여러분이 기구의 장이라면, 아마도 내부 프로젝트를 수행하기 위한 허락을 득할 필요가 없겠지만, 그럼에도 여러분은 이익이 무엇인지를 인식할 필요가 있다. 반면에 여러분이 직원이라면, 그 프로젝트가 가치 있는 것임을 여러분의 관리진에게 납득시킬 필요가 있다. 가령 국립기록보존소가 다른 정부 기구 내에서 업무시스템 분석 프로젝트를 수행하기를 원한다면, 그 프로젝트를 정당화하여 수행을 위한 허락을 얻을 필요가 있다.

우선순위 4 : 프로젝트 계획 작성

프로젝트의 규모와 상관없이, 그 계획이 적절해야 한다는 것은 중요하다. 일정과 목표가 정립되어야 하며, 프로젝트 추진단이 선발되어야 한다. 작은 프로젝트의 경우에는, 계획 단계를 생략하고 싶은 유혹이 들기도 할 것이다. 그러나 이러한 유혹은 반드시 물리쳐야 한다. 작은 프로젝트의 경우에도 시간이나 예산을 낭비할 수도 있고, 목표를 충족시키지 못할 수도 있기는 마찬가지이다.

3. 도움을 받을 수 있는 곳

많은 기구들, 특히 개발도상국의 기구들은 전략 수립에 대한 조언을 얻기가 힘들다. 그렇지만 많은 정보를 얻고 도움을 구할 수 있는 곳들이 있다.

> *기록물관리 일반과 관련된 다른 조직들 및 단체들에 대한 상세한 정보는, 뒤에 수록된 '추가 자료'를 참조할 것.*

국영 조직들

각국에는 아래와 같은 국립 기구들이 존재할 수 있고, 기반 조성의 다양한 측면들에 관해 조언을 제공할 수 있다.

- 업무시스템 분석을 세부적 차원에서 실행하려면, 관련 행정부처의 도움을 구할 것.
- 쟁점을 분석하고 이에 관한 계획을 수립하기 위하여 교육훈련이나 조언이나 참고문헌이 필요하면, 공공행정 관련 국립기관의 도움을 구할 것.

국제 조직

다음의 기구에서는 유용한 정보를 얻을 수 있다.

Commonwealth Association for Public Administration and Management : CAPAM

주소 : 1075 Bay Street, Suite 402, Toronto, Ontario, Canada M5S 2B1

전화 : +1-416-920-3337

팩스 : +1-416-920-6574
이메일 : capam@compuserve.com
홈페이지 : //www.comnet.mt/capam/

CAPAM의 목적은, 연방이 서로 협력하여, 정부의 관리 능력을 제고하고 조직 운영의 탁월성을 얻는 데 있다. 이 기구는 각국 정부에서 관리상의 새로운 발전과 혁신에 관한 경험들을 교환하고 있으며, 이를 위하여 소정의 선발된 공무원과 고위 공무원, 학술기관, 비정부조직 등으로 엮인 네트워크를 구성한 바 있다. 이 기구는 정부 행정에서 최상의 실무에 관한 정보에 빠르게 접근할 수 있는 기회를 제공하고 있다.

[연습 33]

여러분이 속한 기관은 위에서 열거된 기구들에 관해 어떠한 정보라도 가지고 있는지를 살펴보라. 여러분의 조직은 위의 기구들로부터 출판물을 받고 있거나, 그들의 회의나 모임이나 그밖에 다른 작업에 함께 참여하고 있는가?

여러분이 생각하기에, 여러분의 기관은 어떤 기구와 제일 먼저 접촉할 것을 고려해야 한다고 보는가? 그 기구와의 접촉을 통해 무엇을 얻을 것으로 기대할 수 있는가? 또한 생산적인 관계를 정립하기 위해 여러분은 어떤 노력을 경주할 수 있는가?

4. 추가 자료

관리 전반에 관해, 혹은 관리의 이론과 실제의 특수한 영역들에 관해, 여러분이 이용할 수 있는 출판물의 양은 대단히 많다. 상대적으로 구하기 쉬운 출판물도 있지만, 구하기 어려운 출판물도 있다. 최신의 출판물도 있지만, 해묵은 출판물도 있다. 오래된 출판물에도 가치 있는 정보가 들어있기는 마찬가지이다. 여러분이 사는 나라나 지역에 소재한 도서관에는, 아직 세계에 유통되지 않은 최신 출판물보다는, 오히려 묵은 출판물이 소장되어 있기 쉽다. 주요 출판물에는 별표(*)를 붙여 두었다.

단행본

* Beniger, James. *The Control Revolution.* Cambridge, MA: Harvard University Press, 1986.

Dinsmore, Paul C. *Human Factors in Project Management.* New York, NY: American Management Association, 1990.

Flood, RL and Er Garson. *An Introduction to the Theory and Application of System Science,* 2d ed. New York, NY:Plenum Press, 1993.

George, Stephen and Amold Weimerskirch. *Total Quality Management: Strategies and Techniques Proven at Today's Most Successful Companies.* New York, NY: John Wiley and Sons, Inc., 1994.

Groot, MC, et al. *Project Management in Progress: Tools and Strategies for the 90s.* Amsterdam, ND:Elsevier Science Publishers, BV, 1986.

* Hammer, Michael and Champy, James. *Reengineering the Corporation: A Manifesto for Business Revolution.* New York, NY:HarperBusiness, 1993.

Hammer, Michael and Steven A Stanton. *The Reengineering Revolution: A Handbook.* New York, NY:HarperBusiness, 1995.

Handy, Charles. *Understanding Organisations,* 4th ed. London, UK: Penguin Books, 1993.

* Harrington, James H. *Business Process Improvement.* New York, NY: McGraw-Hill, 1991.

* Hill, Charles WL and Gareth R Jones. *Strategic Management: An Integrated Approach.* Boston, MA: Houghton Mifflen, 1995.

McDonough, Adrian. *Information Economics and Management Systems.* New York, NY: McGraw-Hill, 1963.

Morgan, Gareth. *Images of Organization.* Newbury Park, CA: Sage Publications, 1986.

Morris, Daniel and Joel Brandon. *Reengineering Your Business.* New York, NY: McGraw-Hill. 1993.

Osborne, David and Ted Gaebler. *Reinventing Government.* New York, NY: Penguin Books, 1992.

Pugh, DS, ed. *Organization Theory: Selected Readings.* London, UK: Penguin Books, 1984.

Pugh, DS and Hickson, DJ. *Writers on Organizations.* New York, NY: Penguin Books, 1989.

Rogers, Everett M and Rekha Agarwala-Rogers. *Communication in Organizations.* New York, NY: The Free Press, 1976.

Roman, Daniel D. *Managing Projects: A Systems Approach.* New York, NY: Elsevier Science Publishing, 1986.

Senge, Peter. et al. *The Fifth Discipline Fieldbook*. New York, NY: Doubleday, 1994.

Wilbrink, FHA. *Actimod-Enterprise Activity Modeling*. Eindhovem, ND: NV Phillips Gloeilampenfrabriken, Corporate Automation TMS, April 1989.

* Zigmund, William G. *Business Research Methods*. Fort Worth, TX: Dryden Press, 1994.

논문류(Articles, Monographs and Papers)

Akotia, Pino. 'The National Archives of Ghana: New Responsibilities and Challenges.' *Records Management Quarterly* 28, 4(October 1994): 33-35.

Barry, Richard E. 'Addressing Electronic Records Management in the World Bank.' in Margaret Hedstrom, ed. *Addressing Electronic Records Management Program Strategies*. Pittsburgh, PA: Archives and Museum Informatics, 1993, pp. 19-29.

Barry, Richard E. 'The Business Process Review/Archives-Records Management Dilemma.' Unpublished paper, 09 February 1994.

Barry, Richard E. 'The Changing Workplace and the Nature of the Record.' Unpublished paper presented at the Association of Canadian Archivists Conference, Regina, Canada, 16 June 1995.

Blunt, Peter. 'Cultural relativism, "Good" Governance and Sustainable Human Development.' *Public Administration and Development* 15(1995):1-9.

Commissiong, Marcia. 'TQM as seen in the USA.' *Q-Focus* 3, 3(October 1995):4, 7.

Duranti, Luciana. 'Diplomatics: New Uses for an Old Science(Part I).' *Archivaria* 28(Summer 1989): 7-27; (Part II) 29 (Winter 1989-90): 4-17; (Part III) 30 (Summer 1990): 4-20; (Part IV) 31 (Winter 1990-91): 10-25; (Part V) 32 (Summer 1991): 6-24; (Part VI) 33 (Winter 1991-92): 6-24.

Ferguson, Stephney. 'Information Management and the Commonwealth Caribbean: Problems and Prospects.' Paper Presented at the Caribbean Seminar on National Archives and the Challenges of Strategic Information Management, organised by the Commonwealth Records Association, Trinidad, 28 March-5 April 1995.

Hofstede, Geert. 'Management Scientists Are Human.' *Management Science* 40, 1(January 1994): 4-13.

Hutchin, Nancy Lee. 'Thriving on Change: Some Hard Numbers on Reengineering.' *Enterprise Reengineering* 3, 1(January/February 1996): 6.

Lutzker, Michael A. 'Max Weber and the Analysis of Modern Bureaucratic Organization: Notes Toward a Theory of Appraisal.' *American Archivist* 45, 2(Spring 1982): 119-130.

[No author.] 'Total Quality Management: Some Recent Definitions.' *The Quality Express* (July 1995).

Osman, Abdul Magid. 'Civil Service Reform in Africa: Cultural Context.' In Chaudhry, Shahid Amjad, et al. *Civil Service Reform in Latin America and the Caribbean.* Washington, D.C.: The World Bank, 1994, 14-17. ISSN:0253-7494.

Rapley, John. 'The State in Africa.' *Kingston Gleaner* (27 October 1995): 2.

Slyfield, Marie and Morgan, Paulette. 'Downsizing: Jamaica's Experience.' In Shahid Amjad Chaudhry, et al. *Civil Service Reform in Latin America and the Caribbean.* Washington, DC:The World Bank, 1994, pp. 116-19.

Thurston, Anne. 'The Management of Public Sector Records in the Commonwealth in Relation to Public Sector Reform.' Paper presented at the Caribbean Seminar on Public Service Reform and the Challenges of Strategic Information, organised by the Commonwealth Records Association and the Caribbean Centre for Development Administration, Trinidad, 4-5 April 1995.

Thurston, Anne and Cain, Piers. 'The Management of Public Sector Records Project: Managing the Recofds Lifecycle.' *Information Development* 11, 4(December 1995).

표준(standards)

Australian Standard 4390—Records Management (Homebush, NSW : Standards Australia, 1996).

[연습 34]

여러분이 속한 기관의 도서관이나 자료 센터를 점검해 보도록 하라. 쟁점들을 계획하고 평가하는 작업에 관해 여러분은 어떤 책이나 자료를 찾을 수 있는가? 앞에서 열거된 출판물들 가운데, 여러분의 기관에서 이용 가능한 것이 있는가? 만일 그렇다면, 그 중 두 세 종의 출판물을 검토하고, 그것들이 여러분의 기관에서 어떻게 유통되고 어떤 가치를 지니는 것인지를 평가하기 바란다. 만일 그렇지 않다면, 여러분이 여러분의 전문 서고를 개발하거나 확장하는 가장 유용한 도움을 줄 수 있다고 생각하는 두 세 종의 출판물을 선택하고, 여러분이 어떻게 이 출판물들을 실제로 획득할 수 있는지에 관해 개략적인 계획을 수립해 보라.

요약

　이 과목은 본 모듈,『업무시스템 분석』전체에 대한 개관을 제공하였으며, 다음에는 어떻게 조치의 우선순위를 결정할 수 있는지를 논의하였다. 조치의 주요 우선순위는 아래와 같이 제안되었다.

우선순위 1 : 기능들을 정립하기
우선순위 2 : 프로젝트를 정하기
우선순위 3 : 사업을 정당화하기
우선순위 4 : 프로젝트 계획을 준비하기

　다음으로 이 과목은 업무시스템 분석상의 쟁점들에 관해 더 많은 정보를 얻거나 도움을 받을 수 있는 방법을 개관하였다.

　이 과목은 업무시스템 분석상의 쟁점들과 관련된, 가치 있는 정보 자원들에 대한 논의로 끝맺음하였다.

학습과제

1. 이 과목에서 제안된 우선순위들이 왜 그 순서대로 제안되어야 했는지의 이유를, 여러분 자신의 말로 설명하라.

2. 이 과목에서 나열된 조직들 중에서, 여러분이 제일 먼저 접촉하기로 결정한 두 개의 조직을 제시하고, 그 이유를 설명하라.

3. 이 과목에서 열거된 출판물들 중에서 여러분이 제일 먼저 구입하기로 결정한 두 종의 출판물을 제시하고, 그 이유를 설명하라.

연습 : 조언

연습 32

업무시스템 분석이 진전된 단계는 기관마다 다를 수 있다. 정립된 우선순위는, 각 기관이나 지역이나 나라의 특수한 사정을 고려해야만 한다. 전체적인 변화는 긴 시간을 필요로 하고 점진적으로 진행되며, 상급 관리자층의 지원을 받아야 한다는 점을 명심해야 한다. 출발이 좋으면, 그런 지원을 받기도 그만큼 쉬울 것이다.

연습 33

자원이나 자료가 빈곤할 때에는, 국립 기구들과 먼저 접촉하는 편이 현명할 것이다. 국립 기구들은 여러분의 요청을, 더욱 넓은 국가 행정의 맥락에서 충족시켜줄 수 있기 때문이다. 그러나 여러분이 국가적 상황에 반하여 작업할 경우에는, 최상의 실무에 관한 정보를 국제 기구들로부터 얻어야 할 것이다. 국제 조직을 통해 여러분의 기관으로 가치 있는 정보가 전달될 수 있이다. 국제조직은 누구를 위해서든 자원을 절약시켜 줄 수 있다.

연습 34

일반적인 정보로부터 시작하는 것이 중요하다. 여러분은 전문 서고를 개발하기 전에, 먼저 입문적이고 개설적인 성격의 출판물을 골고루 갖춘 서고를 마련해야 할 것이다.

ㄱ~

『업무시스템 분석』

책임집필

빅토리아 르미외(Victoria Lemieux)

빅토리아 르미외는 자메이카, 트리니다드, 바르바도스 등지에서 분교 교육체계를 운용하고 있는 웨스트인디스대학교(University of the West Indies)의 아키비스트로 재직하고 있다. 그녀는 대학 아키비스트가 되기 전, 자메이카에 소재한 같은 대학교 모나(Mona) 캠퍼스의 레코드매니저로 근무하였고, 캐나다 기록관리학계 내에서도 여러 직책을 수행하였다. 또한 브리티시 컬럼비아 주정부에서는 기록분석가로 참여하였고, 알베르타주 기록보존소에서는 정부기록물 분석가로, 에드먼튼시에서는 기업기록물 및 정보서비스 프로젝트의 책임자로 활동하였다.
그녀는 토론토대학교에서 역사학 학사, 브리티시 컬럼비아대학교에서 기록학 석사를 각각 취득하였다. 다수의 아카이브 관련 전문단체들의 회원이기도 한 그녀는, 특히 국제단체인 '레코드 매니저와 관료 협의회'(The Association of Record Manager and Administrators: ARMA)의 자메이카 지부 설립을 주도하기도 하였다. 그녀는 알베르타대학교, 알베르타 아카비스트 학회, 웨스트인디스대학교 등에서 기록관리 및 아카이브즈 행정을 가르친 바 있고, 지금은 웨스트인디스대학교의 기록관리 인증프로그램(Certificate Program in Record Management)의 공동 책임자로 활동하고 있다. 그녀는 현용기록물, 영구기록물, 그리고 정보 등의 관리에 대한 수많은 글을 발표하였다. 그밖에도, 그녀는 카리브해 지역의 기록 및 정보관리 프로젝트에서 국제자문역으로 활동하였으며, 국제기록관리재단(International Records Management Trust), 영연방 사무국, 유엔 등을 위해서도 국제자문역을 수행해왔다.

집필

엘리자베스 박스(Elizabeth Box)
로라 밀러(Laura Millar)

감수

릭 배리(Rick Barry), 미국 Barry Associates
테리 쿡 (Terry Cook), 전 캐나다 국립기록보존소
윔 하만(Wim Haarmann), 네덜란드 내무부
피터 호스만(Peter Horsman), 네덜란드 국립기록보존소
엘리자베스 워터스(Elizabeth Waters, 네덜란드 내무부
사라 웨스트우드(Sarah Westwood), 영국 리버풀대학교 기록학연구소

검증기관
보츠나와 공화국 국립기록보존소 (Botswana National Archives and Records Services)

업무시스템 분석

옮긴이 이 종 홉
감 수 한국국가기록연구원
펴낸이 조 영 재
펴낸곳 도서출판 진리탐구

초판 1쇄 인쇄 2003년 11월 28일
초판 1쇄 발행 2003년 12월 3일

주소 서울시 마포구 용강동 494-53 (121-876)
전화번호 02) 703-6943, 4
전송번호 02) 701-9352

출판등록일 1993년 11월 17일
출판등록번호 제 10-898호

ISBN 89-8485-075-6

※ 잘못된 책은 바꿔드립니다. 가격은 표지에 있습니다.

한국국가기록연구원이 ICA와 협력하여 국제기록관리 IRMT가 개발한 교재를
한국국가기록연구원이 번역한 것입니다. 따라서 한국어판 저작권은
한국국가기록연구원이 소유하며 출판권은 도서출판 진리탐구에 있습니다.
이 책에 있는 어떤 내용도 허락없이 사용하거나 복사배포하는 것을 절대 금합니다.
(모든 저작권은 보호받습니다.)